© 2016 ZS Verlag GmbH
Kaiserstraße 14 b
D-80801 München

ISBN 978-3-89883-529-9
1. Auflage 2016

Projektleitung	Eva Dotterweich
Rezepte & Texte	Sebastian Copien
Lektorat	Karin Kerber, Alexandra Gudzent
Grafische Gestaltung	Julia Barton, Irene Schulz
Satz	Silke Schüler
Foodfotografie	Maria Grossmann, Monika Schürle
Fotoassistenz	Julia Tripps
Foodstyling	Susanne Walter
Peoplefotografie	Hansi Heckmair
Herstellung	Peter Karg-Cordes
Producing	Jan Russok
Druck & Bindung	L.E.G.O., Vicenza

Die ZS Verlag GmbH ist ein Unternehmen der Edel AG, Hamburg.
www.zsverlag.de | www.facebook.com/zsverlag

SEBASTIAN COPIEN

fit-MIX

MIXEN IST DAS NEUE KOCHEN!
6

KÜCHENPRAXIS
8

Hier erfährst Du die wichtigsten Basics über Hochleistungsmixer und warum mir die Qualität der Zutaten für meine Rezepte so sehr am Herzen liegt.

SMOOTHIE-BOWLS, SHAKES & DRINKS
14

Her mit üppigen Sattmacher-Smoothies, bunten fruchtigen Shakes und himmlischen Drinks – bei diesen Vitaminbomben kann der kleine Hunger gerne öfter kommen.

SUPPEN, SAUCEN & CO.
46

Easy going – diese superfix zubereiteten Highlights lassen keine Wünsche offen: cremige Suppen, aromatische Pastasaucen und Würzpasten für den Gaumen-Kick.

AUFSTRICHE & DIPS
94

Brot-Fans aufgepasst: Hier ist garantiert für jeden Geschmack etwas dabei – ob herzhaft und deftig, süß und cremig, leicht und fruchtig ...

DESSERTS & EIS
118

Last-Minute-Dessert gewünscht? Oder einfach Lust auf etwas Süßes? Kein Problem mit diesen im Handumdrehen gezauberten Leckerbissen.

REGISTER
134

DER AUTOR & BEZUGSQUELLEN
137

Die Symbole

 OHNE GLUTEN    OHNE RAFFINIERTEN ZUCKER    OHNE SOJA

MIXEN IST DAS NEUE KOCHEN!

Meinen Hochleistungsmixer möchte ich privat, aber auch bei meinen Kochkursen und -events nicht mehr missen. Denn ich habe diese ‚Wunderwaffe' für die schnelle und gesunde vegane Küche einfach in mein Herz geschlossen!

FIT MIX – vegane Blitzrezepte aus dem Mixer –, was soll ich sagen, der Name ist Programm. Als ich gefragt wurde, ob ich mein viertes Kochbuch zum Thema Hochleistungsmixer machen möchte, musste ich nicht lange überlegen. Das Buch hätte auch wunderbar BLITZ MIX heißen können, denn viele der Rezepte sind in weniger als 10 Minuten zubereitet.

Die Zutaten sind problemlos zu bekommen – und das ganz ohne Industrieprodukte, weißen Zucker und gehärtete Fette. Ich verwende ausschließlich beste, natürliche Lebensmittel. Das ist **einfache und unkomplizierte Alltagsküche,** so wie ich sie mag, und Essen, das den Körper stärkt – im Handumdrehen und in seiner besten Form.

Die Rezepte sind simpel aufgebaut und meist brauchst Du nur den Mixer dafür. Da ich aber Röstaromen so liebe, gibt es manchmal einen Arbeitsschritt vorab, durch den der Geschmack intensiviert wird. Ich habe oft selbst staunen müssen, wie schnell die Gerichte fertig waren und welch ein intensiver Geschmack in so kurzer Zeit entstehen kann. Was es mit diesen wundervollen Hochleistungsgeräten auf sich hat, erkläre ich ausführlich im ersten Kapitel.

Jetzt wünsche ich Dir von Herzen **ganz viel Freude, Inspiration, Genuss und besondere Momente** in der Küche mit diesem Buch!

Dein

Sebastian

WARUM EIN HOCHLEISTUNGSMIXER?

Einfach irgendein Mixer? Leider nein! Nur mit Geräten, die selbst zähe oder faserige Zutaten wie Kohl, Nüsse oder Zitrusfrüchte zu feinstem Püree verarbeiten, gelingen meine Rezepte perfekt.

VON UNNÜTZEN KÜCHENHELFERN

Es gibt so viele Küchenhelfer, die erst sinnvoll erscheinen und die dann doch nur nutzlos herumstehen. Bevor man also Geld in die Hand nimmt, sollte man sich Gedanken machen, ob man ein Gerät wirklich braucht und dauerhaft einsetzen wird. Früher habe ich immer gesagt, dass ich kein einziges Küchengerät benötige, um gutes Essen zu kochen. Gib mir einen Topf, einen Herd, ein Messer und ein Brett – ich lege los und es kommt etwas Schönes dabei raus. Das sage ich heute zwar auch noch, nur mit dem Unterschied, dass ich meinen Hochleistungsmixer nicht mehr missen möchte. Diese „Wunderwaffe" für die schnelle und gesunde Küche ist einfach praktisch und bringt viele Gerichte auf ein anderes Level!

WAS SIND HOCHLEISTUNGSMIXER?

Meine Kursteilnehmer fragen oft, welche Mixer ich empfehlen kann. Bei meinem ersten Kontakt zu einem Hochleistungsmixer vor vielen Jahren habe ich mich natürlich gefragt, wo denn der Unterschied zwischen einem Hochleistungsmixer und einem „normalen" Küchenmixer liegt. Denn im Prinzip sehen die Geräte durchaus ähnlich aus: unten der Geräteblock und obendrauf der Mixbecher. Doch zwischen den Geräten liegen Welten in Sachen Leistungsfähigkeit. Die Leistung, aber auch die Qualität der Messer und die Form des Mixbechers sind entscheidende Punkte, auf die man beim Kauf achten sollte. Die Leistung ist bei Hochleistungsmixern deutlich größer als bei normalen Küchenmixern. Einige Hersteller geben die Leistung als Umdrehungen pro Minute an. Da es aber verschiedene Methoden gibt, die Umdrehungsleistung zu messen, machen mittlerweile viele Hersteller keine Angaben mehr dazu. Das ist auch seriös. Denn es ist ein großer Unterschied, ob man die Umdrehung der Geräte im Leerlauf, mit Becher oder mit Becher und Füllung misst. Früher hieß es: Ein Mixer ab 27 000 Umdrehungen pro Minute gilt als Hochleistungsmixer. Die leistungsfähigsten Geräte am Markt haben Werte von bis zu 38 000 Umdrehungen pro Minute. Ein normaler Küchen- oder Stabmixer kommt in der Regel nicht über 12 000 Umdrehungen pro Minute. Aufgrund der unterschiedlichen Messmethoden sind die Werte aber schwer zu vergleichen, auf die Umdrehungsleistung kann man sich also nicht wirklich verlassen. Einen guten Anhaltspunkt hingegen liefert die Motorleistung (in Watt oder PS) eines Geräts.

DAS MIX-ERGEBNIS ZÄHLT!

Neben dem ganzen Technikgeplänkel interessiert mich als Koch aber unterm Strich nur eines: das Mixergebnis und die Langlebigkeit des Geräts. Einfaches Obst kann ich mit jedem Mixer pürieren, bei sehr faserigen oder festen Zutaten kommen diese Mixer dann aber schnell an ihr Limit. Für grüne Smoothies benötigt man zum Beispiel viel Blattgemüse wie Kräuter, Grünkohl und Kohlrabiblätter. Püriert

KAUFKRITERIEN FÜR HOCHLEISTUNGSMIXER

Suchst Du einen Hochleistungsmixer nur für grüne Smoothies oder auch einen für den vielfältigen Einsatz in der Küche?

Nur Geräte mit eingebautem Überhitzungsschutz kaufen.

Qualität hat ihren Preis – Finger weg von Billiggeräten! Gute Geräte sind zwar teurer, sie sind jedoch langlebiger und man hat lange Freude damit.

Die Geräte sollten eine Garantie von mindestens sieben Jahren haben.

Geräte mit einem 2-Liter-Becher kaufen und einen 1-Liter-Behälter dazu besorgen. Das Mixen kleiner Mengen funktioniert im großen Becher nicht, da die Füllmenge für optimale Sogwirkung mindestens 3 cm über dem Messer liegen muss.

Die Mix-Becher müssen hitzebeständig und frei von der für den Menschen schädlichen Chemikalie Bisphenol A (BPA) sein.

Unter den Maßangaben Teelöffel (TL) oder Esslöffel (EL) verstehe ich immer einen leicht gehäuften Tee- oder Esslöffel. Da es unterschiedliche Löffelgrößen gibt und der Geschmack von Gewürzen je nach Qualität und Alter variiert, ist es wichtig, sich auf das eigene Gefühl zu verlassen und am Ende noch einmal abzuschmecken.

man diese mit Banane, Datteln, Apfel mit Kerngehäuse und Wasser in einem normalen Küchenmixer oder mit dem Stabmixer, ist das Ergebnis eher mittelmäßig. Selbst nach vier bis sechs Minuten ist die Textur immer noch unbefriedigend und Optik sowie Inhaltsstoffe haben gelitten: Aufgrund der langen Mixzeit kann der Smoothie durch Oxidation bräunlich werden und durch Wärmeentwicklung werden Nährstoffe zerstört.

Auch im Geschmack macht sich das bemerkbar. Mit einem Hochleistungsgerät hingegen ist in 30 bis 40 Sekunden alles super glatt, knallgrün, frisch und lecker. Ernährungsexperten berichten, dass durch dieses schnelle Mixen Rohkost deutlich besser bekömmlich wird und unser Körper die enthaltenen Nährstoffe viel leichter aufnehmen kann. Ein wunderbarer gesundheitlicher Vorteil also, den ich ebenso wie die Schnelligkeit der Hochleistungsmixer sehr schätze. Möchte ich mir zum Beispiel spontan eine vegane „Sahne"-sauce machen, gelingt dies im Nu mit Cashewkernen ganz ohne Einweichen. In nur einer Minute steht eine glatte, cremige Creme auf dem Tisch. Ohne Hochleistungsgerät komme ich am langwierigen Einweichen der Nüsse nicht vorbei. Grundsätzlich ist es aber besser, Nüsse, Kerne und Samen einzuweichen, so werden diese deutlich bekömmlicher.

Noch ein Vorteil der guten Geräte ist ihre Langlebigkeit: Einige haben eine Garantie von sieben Jahren. Ich nutze meinen Mixer seit Jahren, und er wird bei mir durch den häufigen Einsatz und die großen Verarbeitungsmengen stärker belastet als im normalen Haushalt. Mein Fazit: Keinerlei Probleme!

QUALITÄT HAT IHREN PREIS

Normale Mixer bekommt man ab 30 Euro, die Preise der führenden Hochleistungsgeräte starten bei 450 Euro. Wie bei vielen Anschaffungen kann auch hier der Spruch „Wer billig kauft, kauft zweimal" zutreffen. Mein erstes Gerät zum Beispiel habe ich am Preis festgemacht und schnell gemerkt, dass dessen Einsatzmöglichkeit über den grünen Smoothie nicht hinausgeht. Vom hohen Lärmpegel mal abgesehen. Seit ich auf den Marktführer umgestiegen bin, bin ich rundum zufrieden. Wer also wie ich ein Gerät sucht, das täglich für verschiedenste Zwecke zum Einsatz kommt – sei es, um Getreide zu mahlen oder Suppen zu mixen – kommt um einen guten, teuren Hochleistungsmixer nicht herum. Gerade da es aber um eine ausgewogene und gesunde Ernährung geht, ist das Geld gut angelegt (Bezugsquellen siehe S. 137).

MIXER-TIPPS

Damit Du lange Freude an dem Gerät hast, solltest Du vor der ersten Benutzung die Bedienungsanleitung des Modells gründlich lesen. Für alle Mixer gilt:

Hochleistungsmixer sind keine Spielzeuge und gehören nicht in Kinderhände!

Bei kochenden Flüssigkeiten die maximale Füllhöhe des Mixbechers nicht überschreiten. Deckel und Verschlusskappe sorgfältig verschließen, Becher auf das Gerät setzen und die Geschwindigkeit nur langsam steigern. Durch heiße Flüssigkeiten entsteht ein hoher Druck im Becher, deshalb das Gerät besser nicht auf höchster Stufe starten.

Vor dem Befüllen des Bechers kontrollieren, dass sich nichts darin befindet, was nicht hineingehört (Löffel etc.).

Nach der Benutzung den Becher mit dem Reinigungsprogramm säubern. Das spart Zeit, denn ein grüner Smoothie kann sehr hartnäckig eintrocknen.

Mixbecher nie in die Spülmaschine stecken – so bleiben die Messer scharf.

WICHTIGE ZUTATEN UND ZUBEREITUNGSTIPPS

Ein gutes Ergebnis beim Kochen ist nur dann möglich, wenn man mit viel Hingabe an die Sache geht, sich Zeit nimmt und auf qualitativ hochwertige Zutaten achtet. Davon bin ich überzeugt!

Der Schlüsselfaktor schlechthin ist die Qualität der Zutaten und deren Wertschätzung. Ich bin überzeugt, dass Bio in den meisten Fällen besser ist, und es keinen Bereich gibt, in dem es sich so sehr lohnt, ein paar Euro mehr auszugeben, als bei der Auswahl von Lebensmitteln. Ich bin nach wie vor fassungslos, wenn ich mit Menschen spreche, die gern 30 Euro und mehr für Motoröl fürs Auto ausgeben, denen aber ein wertvolles Lebensmittel wie Olivenöl gar nicht günstig genug sein kann. Deshalb baue ich zum Beispiel auch das Gemüse, das ich in meinen Kursen in der Hauptsaison verwende, selbst an. Das macht zwar Arbeit, aber die Qualität von frisch geerntetem Gemüse ist unübertroffen und erfreut mich jeden Tag wieder aufs Neue.

VEGAN EINKAUFEN LEICHT GEMACHT

Du bekommst fast alle Zutaten, die ich für die Rezepte im Buch verwendet habe, im normalen Super- oder Biomarkt. Ein paar wenige Exoten gibt es allerdings: Ich verwende gern geräuchertes Paprikapulver (Pimentón de la Vera) oder geräucherte Chilis (Chipotle oder Morita). Diese Gewürze sind mittlerweile häufig auch in größeren Supermärkten oder in Gewürzläden erhältlich. Wer sie jedoch dort nicht bekommt: Beide sind wunderbar online zu bestellen (Bezugsquellen siehe S. 137).

Eine besondere Zutat ist für mich auch Gemüsebrühe – die Qualität der Produkte, die es zu kaufen gibt, überzeugt mich einfach nicht. Deshalb bereite ich mir als Basiszutat die Kräftige Würzpaste auf Vorrat selbst zu (Rezept siehe S. 59). Als Grundzutat für klassische Brühen oder als Würzpaste ist sie aus meiner Küche nicht mehr wegzudenken. Auch Dir empfehle ich deshalb: als erstes Rezept die Paste zubereiten! Sie ist in 10 Minuten gemacht und im Kühlschrank monatelang haltbar.

Auch bei pflanzlicher „Milch" oder pflanzlichen Drinks, die man kaufen kann, gibt es Unterschiede wie Tag und Nacht. Im Buch findest Du deshalb vier Rezepte zum Selbermachen (siehe S. 24, 25) – neben einem Mixer brauchst Du dafür nur einen „Nussmilchbeutel", um Nussreste aus der Milch zu filtern (siehe S. 137). Bei allen Rezepten mit Pflanzendrink ist immer angegeben, welche der Drinksorten Du benötigst oder welche Alternative möglich ist.

SO GELINGEN MEINE REZEPTE

Wenn Du ein gutes Ergebnis erzielen möchtest, bitte ich Dich, meine Empfehlungen zu den Zutaten stets zu beachten (siehe dazu auch S. 137).

Bei den meisten Rezepten ist es außerdem wichtig, die Zutaten in der richtigen Reihenfolge in den Mixbecher zu füllen. Deshalb ist es auch immer am besten, der Anleitung exakt zu folgen. Das Grundprinzip dahinter lautet: saftige und flüssige Zutaten zuerst in den Mixer einfüllen, damit sich schnell eine Sogwirkung entwickelt. Danach erst alle anderen Zutaten hineingeben.

Für die Herstellung von Pflanzendrinks empfehle ich einen Nussmilchbeutel. Durch dieses feinschmaschige Netz in Beutelform kann man Nussreste aus den Drinks herausfiltern.

SMOOTHIE-BOWLS, SHAKES & DRINKS

Smoothie-Bowls sind frische Power-Smoothies, die sehr dickflüssig sind, also ohne oder mit wenig Wasser gemixt wurden, und sozusagen als Basis für eine Art Müsli verwendet werden. Ein intensiv farbiger Smoothie sowie gekochtes Getreide, Superfood, Obst, Nüsse und Kerne als Topping ergeben ein gesundes Frühstück, das schnell zubereitet ist und einfach nur lecker schmeckt. Möchte man lieber einen normalen Smoothie trinken: zusätzlich 300 bis 500 ml Wasser oder Eiswürfel untermixen – fertig!

Die Brennnessel ist eine absolute Powerpflanze und genau richtig für die Frühlingsküche, da sie Schlacken und Gifte aus dem Körper treibt. Ich baue Brennnesseln bei mir auch selbst im Garten an – dann ist der Weg zum Ernten der jungen und frischen Blätter nicht weit!

GREEN DETOX-BOWL

FÜR 2 PERSONEN
FÜR DAS TOPPING:
100 g weiße Quinoa
Meersalz
2 EL Kürbiskerne
1 Apfel (ca. 130 g)
1 EL Kürbiskernöl
1 TL Kakaonibs (aus dem Bioladen; oder Sesamsamen)

FÜR DEN SMOOTHIE:
1 Apfel (ca. 180 g)
2 große Stiele Petersilie
12 Brennnesselblätter (siehe Tipp)
10 g Feldsalat
1 Banane (ca. 150 g)
1 Bio-Zitronenscheibe (½ cm dick, mit Schale)
4 Rohkost-Kakaobohnen oder 1 EL Kakaonibs (aus dem Bioladen)
1 Medjoul-Dattel (ohne Stein)
Meersalz
1 EL Leinöl
100 ml kaltes stilles Mineralwasser

ZUBEREITUNGSZEIT: 15 Min.
PRO PORTION ca. 560 kcal,
13 g EW, 21 g F, 74 g KH

1 Für das Topping die Quinoasamen waschen und in einem Topf in Wasser mit 1 Prise Salz nach Packungsanweisung weich garen. Die Kürbiskerne in einer Pfanne ohne Fett bei schwacher Hitze leicht rösten und abkühlen lassen. Den Apfel waschen und vierteln, dabei das Kerngehäuse herausschneiden und beiseitelegen. Apfelfruchtfleisch in feine Würfel schneiden. Die vorbereiteten Topping-Zutaten beiseitestellen.

2 Für den Smoothie den Apfel waschen und mitsamt dem Kerngehäuse in grobe Würfel schneiden. Petersilie, Brennnesselblätter und Feldsalat waschen und trocken schütteln. Die Banane schälen und in grobe Stücke scheiden.

3 Apfelstücke, beiseitegelegtes Kerngehäuse, Zitronenscheibe, Petersilie, Brennnesselblätter, Feldsalat und Bananenstücke in dieser Reihenfolge in den Mixbecher geben. Kakaobohnen, Dattel, 1 Prise Salz, Leinöl und Mineralwasser hinzufügen. Alles auf höchster Stufe etwa 1 Minute glatt mixen. Den Smoothie auf zwei Schalen verteilen.

4 Zum Servieren Quinoa, Kürbiskernöl, Kürbiskerne, Apfelwürfel und Kakaonibs als Topping auf den Smoothies verteilen.

TIPP

Beim Ernten von Brennnesseln darauf achten, dass die Pflanzen an einem von Schadstoffen unbelasteten Ort wachsen. Außerdem Handschuhe tragen und nur die jungen Blätter vom oberen Teil der Pflanze ernten.

GRÜNE MELONEN-BOWL

FÜR 2 PERSONEN
FÜR DAS TOPPING:
80 g Goldhirse
Meersalz
1 Nektarine
2 EL Kokosmilch (aus der Dose)
2 EL geröstete Kokoschips oder -flakes
1 TL essbare Blütenblätter
(Rose, Ringelblume, Löwenzahn, etc.)

FÜR DEN SMOOTHIE:
200 g weißfleischiges Honig- oder Netzmelonenfruchtfleisch
100 g Salatgurke
½ Apfel (ca. 90 g)
30 g Kopfsalat oder junger Mangold
1 Bio-Zitronenscheibe (½ cm dick, mit Schale)
15 g Cashewbruch
1 EL Leinöl
1 Medjoul-Dattel (ohne Stein)
Meersalz

ZUBEREITUNGSZEIT: 15 Min.
PRO PORTION ca. 410 kcal,
8 g EW, 15 g F, 57 g KH

1 Für das Topping die Hirse in einem Sieb waschen und in einem Topf in Wasser mit 1 Prise Salz nach Packungsanweisung weich garen. Nach Belieben abkühlen lassen.

2 Inzwischen für den Smoothie das Melonenfruchtfleisch in grobe Würfel schneiden. Die Gurke waschen und ebenfalls in grobe Würfel schneiden. Den Apfel waschen und mitsamt dem Kerngehäuse in grobe Würfel schneiden. Kopfsalat oder Mangold waschen und trocken schleudern.

3 Melonen-, Gurken- und Apfelstücke in den Mixbecher geben. Zitronenscheibe, Cashewbruch, Leinöl, Kopfsalat oder Mangold, Dattel und 1 Prise Salz hinzufügen. Alles auf höchster Stufe etwa 1 Minute glatt mixen. Den Smoothie auf zwei Schalen verteilen.

4 Für das Topping die Nektarine waschen, halbieren und den Stein entfernen, das Fruchtfleisch in feine Würfel schneiden. Die Hirse mit der Kokosmilch mischen und mit Salz abschmecken. Hirse, Nektarinenwürfel und Kokoschips auf den Bowls anrichten. Mit Blütenblättern dekorieren.

TIPP

Übrige Kokosmilch kannst Du ganz einfach in einem Eiswürfelbehälter einfrieren – so hast Du bei Bedarf immer kleine Portionen davon parat.

IMMUNBOOSTER-BOWL

FÜR 2 PERSONEN
FÜR DAS TOPPING:
80 g Buchweizen
Meersalz
1 EL Sesamsamen
2 große frische Feigen
1 TL Olivenöl
gemahlene Vanille

FÜR DEN SMOOTHIE:
2 Orangen (ca. 400 g)
1 kleine frische junge Rote Bete (ca. 75 g)
½ Apfel (ca. 90 g)
4 g Ingwer
1 EL Leinöl
1 EL Sesamsamen
2 Medjoul-Datteln (ohne Stein)
Meersalz
100 ml kaltes stilles Mineralwasser

ZUBEREITUNGSZEIT: 10 Min.
GARZEIT: 15 Min.
PRO PORTION ca. 480 kcal,
9 g EW, 14 g F, 72 g KH

1 Für das Topping den Buchweizen in einem Sieb waschen und nach Packungsanweisung in Wasser mit 1 Prise Salz weich garen. Abkühlen lassen. Den Sesam in einer Pfanne ohne Fett anrösten und abkühlen lassen.

2 Inzwischen für den Smoothie die Orangen schälen. Die Rote Bete putzen, waschen und mitsamt der Schale in grobe Würfel schneiden. Den Apfel waschen und mitsamt dem Kerngehäuse in grobe Würfel schneiden. Den Ingwer schälen und in feine Würfel schneiden. Orangen, Rote Bete, Apfel und Ingwer in den Mixbecher geben. Leinöl, Sesam, Datteln, 1 Prise Salz und Mineralwasser hinzufügen. Alles auf höchster Stufe etwa 1 Minute glatt mixen. Den Smoothie auf zwei Schalen verteilen.

3 Zum Servieren für das Topping nach Belieben 50 g rote Weintrauben waschen, halbieren und eventuell die Kerne entfernen. Die Feigen waschen und in etwa ½ cm dicke Scheiben schneiden. Den Buchweizen mit Olivenöl sowie 1 Prise Vanille mischen und mit Salz abschmecken. Buchweizen, Feigenscheiben, Sesam und Traubenhälften auf den Bowls anrichten.

Da steckt jede Menge Power drin: Vitamine, Mineralstoffe und sekundäre Pflanzenstoffe aus Obst- und Gemüsesorten, die auch im Winter aus einheimischen Lagern stammen. Kombiniert mit ein paar exotischen Zutaten muss sich die Bowl nicht vor der sommerlichen Konkurrenz verstecken!

WEISSE WINTER-BOWL

FÜR 2 PERSONEN
FÜR DAS TOPPING:
1 EL Mandelstifte
100 g süßes Mangofruchtfleisch
1 haselnussgroßes Stück Ingwer
gemahlene Vanille
40 g gepuffter Amarant
(aus dem Bioladen)

FÜR DEN SMOOTHIE:
1 Apfel (ca. 180 g)
1 weiche Birne (ca. 170 g)
80 g Pastinake
75 g Weißkohl oder Chicorée
90 g zimmerwarme Kokosmilch
(aus der Dose; siehe Tipp)
1 Bio-Limettenscheibe (½ cm dick)
2 Medjoul-Datteln (ohne Stein)
Meersalz
120 ml Kokoswasser
(aus dem Bioladen; ersatzweise Wasser)

ZUBEREITUNGSZEIT: 10 Min.
PRO PORTION ca. 310 kcal,
6 g EW, 5 g F, 55 g KH

1 Für das Topping die Mandeln in einer Pfanne ohne Fett goldgelb rösten, aus der Pfanne nehmen. Das Mangofruchtfleisch in kleine Würfel schneiden. Den Ingwer schälen und fein raspeln. Mango mit Ingwer und 1 Prise Vanille in der Pfanne vermischen und bei schwacher Hitze leicht erwärmen.

2 Inzwischen für den Smoothie den Apfel und die Birne waschen und jeweils mitsamt dem Kerngehäuse in grobe Würfel schneiden. Die Pastinake putzen, waschen und ebenfalls in grobe Würfel schneiden. Den Weißkohl oder Chicorée waschen und trocken tupfen.

3 Apfel-, Birnen- und Pastinakenwürfel in den Mixbecher geben. Kokosmilch, Limette, Weißkohl oder Chicorée, Datteln, 1 Prise Salz und das Kokoswasser hinzufügen. Alles auf höchster Stufe 1 Minute glatt mixen. Den Smoothie auf Schalen verteilen.

4 Zum Servieren Mangomischung, Mandelstifte und Amarant auf den Bowls verteilen. Wichtig: Unbedingt sofort servieren – der Smoothie wird bitter und braun, wenn er zu lange steht.

TIPP

Bei Kokosmilch aus der Dose trennen sich während der Lagerung meist die cremigen, festen Bestandteile von den flüssigen. Deshalb: die Dose vor dem Öffnen immer kräftig schütteln und den Inhalt dann eventuell nochmals verrühren.

PFLANZENDRINKS

Diese Drinks werden bekömmlicher, wenn Du die Nusskerne mindestens zwei Stunden vor der Verarbeitung einweichst. Für eine glatte Konsistenz solltest Du die Drinks durch einen Nussmilchbeutel sieben (siehe S. 137).

Cashew-Kokos-Drink

Für ca. 550 ml Cashew-Kokos-Drink ½ l kaltes stilles Mineralwasser mit ½ TL Agavendicksaft, 1 Prise Meersalz, ½ cm Vanilleschote, 75 g Kokosraspeln und 20 g Cashewbruch in den Mixbecher geben. Alles auf höchster Stufe 1 Minute glatt mixen, dann 5 Minuten ziehen lassen und nochmals 1 Minute mixen. Die Mischung nach Belieben durch den Nussmilchbeutel filtern.

—

Perfekt für Kakao oder Süßspeisen.

Cashew-Hafer-Drink

Für ca. 650 ml Cashew-Hafer-Drink 600 ml kaltes Wasser mit 1 TL Agavendicksaft, 1 großen Prise Meersalz, ½ cm Vanilleschote, 70 g Haferflocken und 20 g Cashewbruch im Mixer auf höchster Stufe 45 Sekunden glatt mixen. Durch den Nussmilchbeutel filtern und nach Belieben nochmals mit Agavendicksaft abschmecken.

—

Dieser Drink schmeckt genial im Müsli.

Cashew-Reis-Drink

Für ca. 1 l Cashew-Reis-Drink ½ l Wasser mit 75 g Reis aufkochen. Dann mit 1 TL Agavendicksaft, ½ cm Vanilleschote, 20 g Cashewbruch und 1 Prise Meersalz in den Mixbecher geben und auf höchster Stufe 45 Sekunden glatt mixen. Heiße Masse mit ½ l kaltem Wasser mischen und durch den Nussmilchbeutel filtern. Nach Belieben mit Meersalz und Agavendicksaft abschmecken.

—

Passt zu Earl Grey oder Chai Tee.

Hanfdrink

Für ca. 550 ml Hanfdrink ½ l kaltes Wasser mit 1 TL Agavendicksaft, 1 Prise Meersalz, ½ cm Vanilleschote, 75 g Hanfsamen und 20 g Cashewbruch in den Mixbecher geben und auf höchster Stufe 45 Sekunden glatt mixen. Durch den Nussmilchbeutel filtern. Den Drink nach Belieben mit Agavendicksaft abschmecken.

—

Schmeckt nussig und steckt voller Proteine.

WHITE-CHOCOLATE-ESPRESSO-SHAKE

FÜR 2 PERSONEN
FÜR DEN SHAKE:
450 ml Cashew-Kokos-Drink (siehe. S. 24; ersatzweise Dinkel-Mandel-Drink aus dem Bioladen)
80 g vegane weiße Schokolade mit Vanille (aus Reisdrink, siehe S. 137)
80 ml kalter starker Espresso
Meersalz

FÜR DAS TOPPING:
50 ml Cashew-Kokos-Drink (siehe S. 24; ersatzweise Dinkel-Mandel-Drink, aus dem Bioladen)
gemahlene Vanille
je ca. 1 TL vegane dunkle und weiße Schokoladenraspel

ZUBEREITUNGSZEIT: 5 Min.
GEFRIERZEIT: 2–3 Std.
PRO PORTION ca. 460 kcal,
2 g EW, 27 g F, 50 g KH

1 Für den Shake 200 ml Cashew-Kokos-Drink in Eiswürfelbehälter füllen und im Tiefkühlfach 2 bis 3 Stunden gefrieren lassen.

2 Inzwischen die Schokolade grob zerkleinern und mit Espresso, restlichen Cashew-Kokos-Drink und 1 guten Prise Salz in den Mixbecher geben. Alles auf höchster Stufe 1 Minute glatt mixen und im Mixbecher kühl stellen, bis der Cashew-Kokos-Drink im Eiswürfelbehälter gefroren ist.

3 Die Cashew-Kokos-Drink-Eiswürfel zur Schokoladen-Mischung in den Mixbecher geben und alles auf höchster Stufe 30 Sekunden glatt mixen. Den Shake auf Gläser verteilen.

4 Für das Topping den Cashew-Kokos-Drink mit 1 Prise Vanille im Mixer aufschäumen. Den Schaum auf die Shakes geben und mit Schokoladenraspeln bestreuen. Eiskalt servieren.

TIPP
Der Shake schmeckt auch mit sehr kräftigem Lupinen- oder Dinkelkaffee sensationell.

CASHEW-ERDBEER-BASILIKUM-SHAKE

Tiefgekühlte Beeren sind enorm praktisch, wenn es ans Mixen von Shakes geht. Denn mit den gefrosteten Früchtchen und dem Mixer steht an heißen Sommertagen ruck, zuck ein eiskalter Fitmacher auf dem Tisch. Als raffinierte Abrundung des Aromas wird Basilikum mitgemixt.

FÜR 4 PERSONEN
FÜR DEN SHAKE:
6 Basilikumblätter
125 g Cashewbruch
250 g TK-Erdbeeren
1 Streifen Bio-Zitronenschale (ca. 2 × 1 cm)
½ l kalter Haferdrink (ersatzweise Reisdrink)
2–3 Medjoul-Datteln (ohne Stein)
Meersalz

FÜR DIE DEKO:
2–3 Erdbeeren
4 Basilikumblätter

ZUBEREITUNGSZEIT: 5 Min.
PRO PORTION ca. 315 kcal,
8 g EW, 17 g F, 29 g KH

1 Für den Shake die Basilikumblätter waschen. Cashewbruch, Erdbeeren, Basilikum, Zitronenschale, Haferdrink, Datteln und 1 gute Prise Salz in den Mixbecher geben. Alles auf höchster Stufe 1 Minute glatt mixen. Den Shake auf Gläser verteilen.

2 Für die Deko die Erdbeeren waschen, jeweils vom Blütenansatz befreien und in Scheiben schneiden. Die Basilikumblätter waschen und trocken tupfen. Die Shakes mit Erdbeerscheiben und Basilikum garnieren. Eiskalt servieren.

TIPP

Der Shake ist super cremig, aber auch sehr gehaltvoll. In der Eismaschine kannst Du ihn zu einem traumhaften Erdbeereis gefrieren lassen. Wer den Shake etwas leichter zubereiten möchte, tauscht einfach den Haferdrink durch Wasser aus – dadurch tritt das Aroma der Erdbeeren auch noch etwas mehr in den Vordergrund.

HOT GOLDEN-MIXER-SHAKE

Die golden Milk ist ursprünglich ein altes ayurvedisches Rezept, das unter anderem unser Immunsystem stärken soll. Meine Version ist schnell gemacht und besonders in der kalten Jahreszeit sehr wohltuend. Ich trinke sie morgens gern heiß, im Sommer aber auch gekühlt mit ein paar Eiswürfeln als leckeren Shake.

FÜR 4 PERSONEN
1 Stück Ingwer (ca. 2 × 1 cm)
1 EL natives Kokosöl
1 EL Kokosraspel
½ TL Zimtpulver (siehe Tipp)
1 EL gemahlene Kurkuma
800 ml Reisdrink
¼ TL Pfeffer aus der Mühle
2 EL Kokosblüten- oder Ahornsirup
50 g Cashewbruch
Meersalz

ZUBEREITUNGSZEIT: 10 Min.
PRO PORTION ca. 500 kcal,
6 g EW, 29 g F, 53 g KH

1 Den Ingwer schälen und klein schneiden. Das Kokosöl in einer kleinen Pfanne erhitzen und die Kokosraspel mit Ingwer, Zimt und Kurkuma darin 1 Minute anrösten. Den Reisdrink dazugießen und alles kurz aufkochen.

2 Die Kokosraspelmischung samt dem Reisdrink in den Mixbecher geben. Pfeffer, Sirup, Cashewbruch und 1 gute Prise Salz hinzufügen. Alles auf höchster Stufe 1 Minute glatt und schaumig mixen. Den Shake auf Tassen oder Gläser verteilen.

TIPPS

Achte beim Kauf von Zimtpulver darauf, dass es aus Ceylon-Zimtrinde hergestellt wurde. Nur dabei handelt es sich um echten Zimt – der weitaus häufiger angebotene Cassia-Zimt schmeckt weniger aromatisch und enthält zudem einen sehr viel höheren Anteil an gesundheitsschädlichem Cumarin. Den Mixbecher nach dem Mixen dieses Shakes unbedingt sofort im Reinigungsprogramm laufen lassen, damit er sich durch das Kurkumapulver nicht gelb verfärbt.

AVOCADO-ORANGEN-SHAKE

FÜR 4 PERSONEN
FÜR DEN SHAKE:
1 reife Avocado
½ l eiskalter Cashew-Kokos-Drink (siehe S. 24; ersatzweise Reisdrink, aus dem Bioladen)
100 ml eiskalter Orangensaft (frisch gepresst, ersatzweise Direktsaft)
2 EL Zitronensaft
3 Medjoul-Datteln (ohne Stein; ersatzweise 5 Deglet-Datteln)
1 Streifen Bio-Zitronenschale (ca. 4 × 2 cm)
Zimtpulver
Meersalz

FÜR DIE DEKO:
1 Zitrone
1 TL Kakaonibs (aus dem Bioladen)

ZUBEREITUNGSZEIT: 5 Min.
PRO PORTION ca. 360 kcal,
3 g EW, 17 g F, 43 g KH

1 Für den Shake die Avocado halbieren und den Stein entfernen. Das Fruchtfleisch aus den Schalen lösen und mit Cashew-Kokos-Drink, Orangen- und Zitronensaft, Datteln, Zitronenschale, 1 Prise Zimt und 1 guten Prise Salz in den Mixbecher geben. Alles auf höchster Stufe 30 Sekunden glatt mixen.

2 Für die Deko die Zitronen so großzügig schälen, dass auch die weiße Haut mit entfernt wird. Die Filets zwischen den Trennhäuten herausschneiden. Den Shake auf Gläser verteilen und mit Zitronenfilets sowie jeweils ¼ TL Kakaonibs dekorieren.

TIPP

Dieser Shake ist ein Traum – frisch und leicht, aber dennoch cremig. Übrigens passt dazu hervorragend auch etwas 43er Likör, ein spanischer Vanillelikör. Wem der Shake zu dickflüssig ist, der verdünnt ihn einfach mit etwas Wasser.

ORANGEN-MANGO-LASSI

Liebhaber der indischen Küche werden den erfrischenden Joghurtdrink kennen, denn er steht eigentlich in jedem Restaurant auf der Speisekarte. Auch mit den veganen Zutaten, die bei mir dafür in den Mixer wandern, schmeckt er unglaublich aromatisch.

FÜR 3–4 PERSONEN
FÜR DEN LASSI:
160 g süßes Mangofruchtfleisch
1 haselnussgroßes Stück Ingwer
2 TL natives Kokosöl
190 g kalter Soja-, Lupinenjoghurt
50 ml kalter Orangensaft
Meersalz
1 Streifen Bio-Zitronenschale
(ca. 2 × 1 cm)
ca. 150 ml kalter Reisdrink
1½–2 EL Zitronensaft
1 Msp. gemahlene Vanille
1 Msp. gemahlener Kardamom

FÜR DIE DEKO:
ca. 2 TL Kokosblütendicksaft
(aus dem Bioladen)
Schale von 1 Bio-Zitrone (in Zesten)

ZUBEREITUNGSZEIT: 5 Min.
PRO PORTION ca. 190 kcal,
4 g EW, 8 g F, 22 g KH

1 Für den Lassi das Mangofruchtfleisch in grobe Stücke schneiden, den Ingwer schälen. Kokosöl, Joghurt, Mango, Orangensaft, 1 Prise Salz, Zitronenschale, Ingwer, Reisdrink, 1½ EL Zitronensaft und Gewürze in den Mixbecher geben. Alles auf höchster Stufe 30 Sekunden glatt mixen.

2 Den Lassi nach Belieben nochmals mit etwas Zitronensaft abschmecken. Für einen flüssigeren Lassi nach Belieben noch etwas mehr Reisdrink dazugeben. Den Lassi auf Gläser verteilen. Mit Kokosblütendicksaft und Zitronenzesten dekorieren. Kalt genießen.

TIPP

Lassi ist ein Klassiker und funktioniert mit sehr vielen Früchten. Wichtig ist nur, dass diese immer sehr süß und vollreif sind. Meine Drinks sind bewusst nicht zu süß gehalten, also nach Belieben einfach Kokosblütendicksaft hinzufügen.

GURKEN-COOLER MIT BASILIKUM

FÜR 2–3 PERSONEN
FÜR DEN COOLER:
60 g Salatgurke
1 mittelgroße Zitrone
15 große Basilikumblätter
3 Minzeblätter
1 Streifen Bio-Zitronenschale (ca. 3 × 1 cm)
5 Medjoul-Datteln (ohne Stein; ersatzweise 9 Deglet-Datteln)
Meersalz
1 l kaltes stilles Mineralwasser

FÜR DIE DEKO:
2 TL Kokosblütenzucker
3–4 Streifen Gurkenschale

ZUBEREITUNGSZEIT: 10 Min.
PRO PORTION ca. 110 kcal,
1 g EW, 1 g F, 23 g KH

1 Für den Cooler die Gurke waschen. Die Zitrone so großzügig schälen, dass auch die weiße Haut mit entfernt wird. Die Basilikum- und Minzeblätter waschen.

2 Gurke, Zitronenfruchtfleisch, Zitronenschale, Basilikum- und Minzeblätter, Datteln, 1 Prise Salz und das Mineralwasser in den Mixbecher geben. Alles auf höchster Stufe 1 Minute glatt mixen. Nach Belieben kühl stellen.

3 Zum Servieren für die Deko etwas Wasser in einen tiefen Teller geben, den Kokosblütenzucker in einen zweiten tiefen Teller. Die Gläser mit dem Glasrand zunächst in das Wasser tauchen und anschließend in den Kokosblütenzucker drücken, sodass ein dekorativer Zuckerrand entsteht. Den Zuckerrand kurz trocknen lassen, dann die Gläser mit Gurkenstreifen dekorieren. Den Cooler auf die Gläser verteilen.

TIPP
Anstatt der Datteln kannst Du zum Süßen genauso gut etwas Agavendicksaft verwenden. Der Drink schmeckt super auch eiskalt als Longdrink mit einem Schuss Gin.

APRIKOSEN-LIMETTEN-COOLER

Überrasche Deine Gäste mit dem etwas ungewöhnlichen Geschmack des Coolers und lasse sie raten, welche Zutaten enthalten sind – die Kresse können nur die wenigsten zuordnen. Ich liebe Kresse, und in dieser eiskalt servierten Kombi ist sie einfach ein Traum. Und gesund dazu!

FÜR 2–3 PERSONEN
FÜR DEN COOLER:
5 mittelgroße süße Aprikosen (ca. 240 g; ersatzweise Weinbergpfirsiche)
65 g Agavendicksaft
2 EL Limettensaft
1½ EL gehackte Gartenkresse (ersatzweise Kapuzinerkresse, auch die Blüten)
1 l kaltes stilles Mineralwasser
gemahlener Kardamom
Meersalz

FÜR DIE DEKO:
2–3 Kapuzinerkresseblüten
2–3 hauchdünne Bio-Limettenscheiben

ZUBEREITUNGSZEIT: 10 Min.
PRO PORTION ca. 190 kcal,
2 g EW, 2 g F, 37 g KH

1 Für den Cooler die Aprikosen waschen, halbieren und entsteinen. Die Aprikosenhälften mit Agavendicksaft, Limettensaft, Kresse, Mineralwasser, 1 guten Prise Kardamom und 1 Prise Salz in den Mixbecher geben. Alles auf höchster Stufe 1 Minute glatt mixen. Nach Belieben kühl stellen.

2 Den Cooler zum Servieren auf Gläser verteilen und jeweils mit 1 Kapuzinerkresseblüte und 1 Limettenscheibe dekorieren.

TIPP

Die Süße des Coolers hängt vor allem von der Sorte und dem Reifegrad der Aprikosen ab – wer es dennoch süßer mag, erhöht die Menge an Agavendicksaft.

Smoothie-Bowls, Shakes & Drinks

Die leichte Schärfe der Chilischote unterstreicht perfekt den Geschmack der fruchtig-süßen Mango, Limette und Minze runden das Zusammenspiel der gegensätzlichen Aromen ab. Spätestens nach dem ersten Schluck werden alle von dieser Geschmackskombination überzeugt sein!

MANGO-CHILI-COOLER

FÜR 2–3 PERSONEN
FÜR DEN COOLER:
200 g reifes Mangofruchtfleisch
½–1 cm mittelscharfe rote Chilischote
2 Minzeblätter
60 g Agavendicksaft
Meersalz
2 EL Limettensaft
½ TL abgeriebene Bio-Limettenschale
1 l kaltes stilles Mineralwasser

FÜR DIE DEKO:
1 TL hauchdünne Chilistreifen
4–6 Minzeblätter

ZUBEREITUNGSZEIT: 5 Min.
PRO PORTION ca. 170 kcal,
1 g EW, 2 g F, 34 g KH

1 Für den Cooler das Mangofruchtfleisch in Stücke schneiden. Die Chilischote entkernen und waschen, die Minzeblätter ebenfalls waschen. Mango, Chili, Agavendicksaft, 1 Prise Salz, Limettensaft und -schale, Minze sowie Mineralwasser in den Mixbecher geben. Alles auf höchster Stufe 1 Minute glatt mixen und nach Belieben kühl stellen.

2 Den Cooler in Gläser füllen und mit Chilistreifen, je 2 bis 3 Minzeblättern und nach Belieben 1 TL Bio-Limettenzesten garnieren.

TIPP

Eiskalt serviert schmeckt dieser Drink pur, wer mag, kann aber auch einen Schuss Cachaça hinzufügen. In der kalten Jahreszeit einfach das Wasser durch selbst gemachten Mandeldrink ersetzen und den Drink warm als eine Art Punsch servieren.

Smoothie-Bowls, Shakes & Drinks

DETOX-COOLER MIT INGWER

Avocado, Grapefruit, Kardamom, Kurkuma und Ingwer haben allesamt entgiftende Eigenschaften und harmonieren in diesem Drink geschmacklich ganz wunderbar. Und wie so oft in meinen Rezepten kommt die Süße aus weichen Datteln, die zudem wahre Vitalstoffwunder sind.

FÜR 4 PERSONEN
FÜR DEN COOLER:
1 große Bio-Orange
1 süße gelbe Grapefruit (Sweetie)
1 haselnussgroßes Stück Ingwer
2 EL natives Olivenöl
25 g Avocadofruchtfleisch
1 Kardamomkapsel
¼ TL gemahlene Kurkuma
5 Medjoul-Datteln (ohne Stein; ersatzweise 9 Deglet-Datteln)
Meersalz
800 ml kaltes stilles Mineralwasser

FÜR DIE DEKO:
4 hauchdünne Bio-Orangenscheiben
etwas gemahlener Kardamom

ZUBEREITUNGSZEIT: 10 Min.
PRO PORTION ca. 250 kcal,
2 g EW, 14 g F, 27 g KH

1 Für den Cooler die Orange heiß waschen, trocken reiben und von der Schale einen etwa 4 × 1 cm großen Streifen (ohne die weiße Haut) abschneiden. Die Orange und die Grapefruit jeweils so großzügig schälen, dass auch die weiße Haut mit entfernt wird. Den Ingwer schälen und fein schneiden.

2 Das Orangen- und Grapefruitfruchtfleisch in den Mixbecher geben. Ingwer, Orangenschalenstreifen, Öl, Avocado, Kardamomkapsel, Kurkuma, Datteln, 1 Prise Salz und Mineralwasser hinzufügen. Alles auf höchster Stufe 1 Minute glatt mixen. Nach Belieben kühl stellen.

3 Zum Servieren den Cooler in Gläser verteilen. Jeweils mit 1 Orangenscheibe und etwas gemahlenem Kardamom dekorieren.

TIPP

Dieser Drink wird deutlich bitterer wenn man ihn stehen lässt – deshalb möglichst nicht länger als 30 Minuten kühl stellen. Wem der Cooler nicht süß genug ist: einfach die Menge an Datteln erhöhen.

MELONEN-KOKOS-COOLER

FÜR 2–3 PERSONEN
400 g süßes Honigmelonenfruchtfleisch
2 haselnussgroße Stücke Ingwer
10 Minzeblätter
3 EL Zitronensaft
1½ TL natives Kokosöl
4 EL Agavendicksaft
Meersalz
600 ml kaltes stilles Mineralwasser

ZUBEREITUNGSZEIT: 10 Min.
PRO PORTION ca. 210 kcal,
2 g EW, 8 g F, 34 g KH

1 Das Melonenfruchtfleisch in Stücke schneiden. Den Ingwer schälen und grob hacken. Die Minzeblätter waschen.

2 Die Melone mit Zitronensaft, Ingwer, Minze, Kokosöl, Agavendicksaft, 1 Prise Salz, nach Belieben 1 TL Orangenblütenwasser, und das Mineralwasser in den Mixbecher geben. Alles auf höchster Stufe 1 Minute mixen und nach Belieben kühl stellen.

TIPP

Statt der Honigmelone kann man auch Cantaloupe- oder Wassermelone verwenden. Dann verfärbt sich der Cooler allerdings durch die jeweilige Melonenfarbe eventuell bräunlich. In diesem Fall aus optischen Gründen die Minze sehr fein hacken und erst nach dem Mixen in den Drink rühren. Am besten eiskalt servieren.

SUPPEN, SAUCEN & CO.

Herrlich schnell und unkompliziert lassen sich mit dem Hochleistungsmixer Suppen oder Saucen zubereiten, die besonders frisch und extra aromatisch schmecken. In nur wenigen Minuten stehen so Pastasaucen oder cremige Suppen aus würzig geröstetem Gemüse auf dem Tisch. Meine absoluten Favoriten und Allrounder in der Küche sind außerdem Würzpasten als Basis für milde Brühen und Marinaden, mit denen Du Gemüse und Tofu zum veganen Highlight machst!

Einer meiner Favoriten in der Suppenschüssel ist die Suppe aus Süßkartoffeln, die durch vorheriges Rösten im Ofen unvergleichlich aromatisch schmecken. Ganz nebenbei liefert das Gemüse reichlich Ballaststoffe – da darf die Portion bei mir auch gern einmal etwas größer ausfallen!

SÜSSKARTOFFELSUPPE MIT ORANGE

FÜR 4 PERSONEN
FÜR DIE SUPPE:
630 g geschälte Süßkartoffeln
1 Zwiebel (ca. 75 g)
1 Knoblauchzehe
2 EL natives Kokosöl (40 g)
1 EL Kokosraspel
1 TL Meersalz
Pfeffer aus der Mühle
12 g Ingwer
1 Streifen Bio-Zitronenschale (ca. 4 × 2 cm)
750 ml heiße milde Gemüsebrühe (z.B. aus Würzpaste, siehe S. 59)
ca. 75 ml Orangensaft (frisch gepresst)

FÜR DIE EINLAGE:
5 EL kleine Mangowürfel
½ TL abgeriebene Bio-Limettenschale
je 4 EL fein gehacktes Frühlingszwiebel- und Koriandergrün

ZUBEREITUNGSZEIT: 10 Min.
BACKZEIT: 20 Min.
PRO PORTION ca. 810 kcal,
9 g EW, 41 g F, 98 g KH

1 Für die Suppe den Backofen auf 210 °C vorheizen. Ein Backblech mit Backpapier auslegen. Die Süßkartoffeln in 2 cm dicke Scheiben schneiden. Die Zwiebel schälen und längs in Spalten (Wedges) schneiden. Den Knoblauch schälen und in feine Würfel schneiden. Das Kokosöl in einem Topf bei schwacher Hitze zerlassen.

2 Süßkartoffeln, Zwiebel, Knoblauch, Kokosraspel, Kokosöl, Salz und 1 gute Prise Pfeffer auf dem Blech mischen und verteilen. Im Ofen auf der mittleren Schiene 15 Minuten backen. Den Backofengrill einschalten und alles weitere 5 Minuten braun (nicht schwarz!) rösten. Das Backblech aus dem Ofen nehmen.

3 Die Süßkartoffelmischung in den Mixbecher geben. Den Ingwer schälen, fein schneiden und mit Zitronenschale, Brühe und 75 ml Orangensaft zu den Süßkartoffeln geben. Alles auf höchster Stufe 40 Sekunden glatt mixen. Die Suppe mit Salz, Pfeffer und nochmals etwas Orangensaft abschmecken.

4 Für die Einlage nach Belieben 5 EL Kokoschips in einer Pfanne ohne Fett anrösten. Die Suppe mit Kokoschips, Mangowürfeln, Limettenschale, Frühlingszwiebel- und Koriandergrün servieren.

TIPP
Auch kleine knusprige Zimt-Croûtons passen als Topping hervorragend zur Suppe.

MELONEN-KRÄUTER-KALTSCHALE

Die perfekte Kaltschale für den Sommer. Ich liebe es, das Olivenöl ganz leicht zu erwärmen und kurz vor dem Servieren die Suppe damit zu beträufeln. Dieser sanfte Temperaturunterschied macht einfach Spaß und gibt dem Aroma den letzten Kick – einfach mal ausprobieren!

FÜR 2 PERSONEN

FÜR DIE KALTSCHALE:
400 g reifes weißfleischiges Honigmelonenfruchtfleisch (gut gekühlt)
50 g Cashewbruch oder helles Cashewmus
1 EL Limettensaft, Meersalz
je 1 EL gehackter Rucola und Thymian
je 1 EL gehackte Petersilie und Minze
1 EL gehacktes Basilikum
150 ml eiskalte milde Gemüsebrühe (z.B. aus Würzpaste, siehe S. 59)

FÜR DIE EINLAGE:
2 TL Sonnenblumenkerne oder Mandelstifte
2 EL kleine Melonenwürfel
je 1 EL fein gehackter Rucola und Thymian
je 1 EL fein gehackte Petersilie und Minze
1 EL fein gehacktes Basilikum
2 TL natives Olivenöl
grobes Meersalz
Pfeffer aus der Mühle

ZUBEREITUNGSZEIT: 10 Min.
PRO PORTION ca. 320 kcal,
8 g EW, 19 g F, 28 g KH

1 Für die Kaltschale das Melonenfruchtfleisch in grobe Stücke schneiden und mit Cashewbruch oder -mus, Limettensaft, 1 guten Prise Salz, den Kräutern sowie der Brühe in den Mixbecher geben. Alles auf höchster Stufe 30 Sekunden glatt mixen. Die Kaltschale auf Schalen oder Gläser verteilen.

2 Für die Einlage die Sonnenblumenkerne oder Mandelstifte in einer Pfanne ohne Fett anrösten. Die Kaltschale mit den gerösteten Kernen oder Mandeln, mit den Melonenwürfeln und Kräutern bestreuen, mit Olivenöl beträufeln und mit Salz und Pfeffer würzen. Sofort servieren.

TIPP

Die Brühe sowie die Honigmelone vor dem Mixen unbedingt gut gekühlt und dann eiskalt verarbeiten. Denn die Kaltschale muss frisch gemixt und dann sofort serviert werden.

GERÖSTETE PAPRIKASUPPE

FÜR 2 PERSONEN
FÜR DIE SUPPE:
2 große rote Paprikaschoten
1 große Zwiebel (ca. 135 g)
1 kleine Kartoffel (ca. 60 g)
1 TL Öl
½ l milde Gemüsebrühe
(z.B. aus Würzpaste, siehe S. 59)
1 TL Meersalz
Pfeffer aus der Mühle
Chilipulver
ca. 2 TL Limettensaft
4 ½ EL natives Olivenöl

FÜR DIE EINLAGE:
2–3 EL Pinienkerne
2–3 EL fein gewürfelte rote Paprika-schote (oder gewürfelter Apfel)
2–3 EL fein gehackter Rucola
2–3 EL Walnuss- oder Haselnussöl

ZUBEREITUNGSZEIT: 10 Min.
BACKZEIT: 15 Min.
PRO PORTION ca. 610 kcal,
7 g EW, 56 g F, 17 g KH

1 Für die Suppe den Backofengrill auf höchster Stufe vorheizen. Die Paprikaschoten längs halbieren, entkernen und waschen. Die Zwiebel schälen und in Spalten (Wedges) schneiden. Die Kartoffel schälen und in hauchdünne Scheiben schneiden. Die Paprikahälften mit der Haut nach oben auf ein Backblech legen. Die Zwiebel und die Kartoffelscheiben in einer Schüssel mit dem Öl mischen und zwischen den Paprikahälften verteilen. Das Gemüse unter dem Grill auf der mittleren Schiene etwa 15 Minuten garen, bis die Paprikahaut dunkel wird und Blasen wirft. Inzwischen die Brühe in einem Topf aufkochen.

2 Das Gemüse aus dem Ofen nehmen. Von der Paprikahaut schwarze Stellen mit einem Messer entfernen. Das Ofengemüse mit der heißen Brühe, Salz, 1 guten Prise Pfeffer, 1 Prise Chilipulver, 2 TL Limettensaft und Olivenöl in den Mixbecher geben. Alles auf höchster Stufe 1 Minute glatt mixen. Die Suppe nach Belieben durch ein feines Sieb oder Tuch passieren und nochmals mit Salz, Pfeffer und Limettensaft abschmecken.

3 Für die Einlage die Pinienkerne in einer Pfanne ohne Fett goldbraun rösten und abkühlen lassen. Die Suppe auf tiefe Teller oder auf Schalen verteilen, jeweils mit 1 EL Pinienkernen, Paprikawürfeln und Rucola bestreuen und mit Walnuss- oder Haselnussöl beträufeln. Nach Belieben mit gerösteten Croûtons bestreuen.

Im Sommer, wenn ich sonnengereifte Tomaten direkt aus meinem Garten hole, wird ein Teil davon zu dieser unkomplizierten Suppe verarbeitet. Als i-Tüpfelchen setze ich ein Häubchen cremiger Basilikum-Cashew-Sahne obendrauf – das Basilikum dafür stammt natürlich auch aus eigener Ernte!

TOMATENSUPPE MIT CASHEWSAHNE

FÜR 2 PERSONEN
FÜR DIE SUPPE:
550 g reife Tomaten
1 Zwiebel (ca. 75 g)
½ kleine Knoblauchzehe
4 EL natives Olivenöl
Chilipulver
1 TL Meersalz
5 rosa Pfefferbeeren
50 ml Orangensaft
25 g Cashewbruch
1 getrocknete Tomatenhälfte
1 Medjoul-Dattel (ohne Stein)
200 ml milde Gemüsebrühe
(z.B. aus Würzpaste, siehe S. 59)

FÜR DIE SAHNE:
15 Basilikumblätter
75 g Cashewbruch
1 TL Agavendicksaft
Meersalz
Pfeffer aus der Mühle

ZUBEREITUNGSZEIT: 10 Min.
PRO PORTION ca. 470 kcal,
8 g EW, 36 g F, 23 g KH

1 Für die Suppe die Tomaten waschen und in grobe Stücke schneiden, dabei jeweils den Stielansatz entfernen. Die Zwiebel schälen und grob würfeln, den Knoblauch schälen. Die Hälfte des Olivenöls in einem Topf erhitzen und die Zwiebel darin mit 1 Prise Chilipulver goldgelb braten.

2 Inzwischen für die Sahne das Basilikum waschen. Den Cashewbruch mit 150 ml Wasser, Basilikum, Agavendicksaft sowie je 1 guten Prise Salz und Pfeffer in den Mixbecher geben. Alles auf höchster Stufe 1 Minute glatt mixen. Die Cashewsahne in eine Schale geben.

3 Zum Fertigstellen der Suppe die Zwiebelwürfel mit Tomaten, Knoblauch, restlichem Olivenöl, Salz, rosa Pfefferbeeren, Orangensaft, Cashewbruch, getrockneter Tomatenhälfte, Dattel und Brühe in den Mixbecher geben. Alles auf höchster Stufe 1 Minute glatt mixen. Die Suppe in einem Topf aufkochen, anschließend im Mixer nochmals kurz glatt pürieren. Mit der Cashewsahne und nach Belieben mit fein gehacktem Basilikum servieren. Die Suppe schmeckt auch als Kaltschale.

TIPP

Dazu serviere ich gebratene Knoblauchcroûtons: 2 trockene Dinkelbrötchen würfeln. 1 Knoblauchzehe schälen, fein raspeln und in 4 EL Olivenöl sanft anbraten. Die Brotwürfel mit etwas Chilipulver dazugeben und bei mittlerer Hitze rundum knusprig braten. Die Croûtons mit etwas Meersalz würzen.

ROTE-DAL-SUPPE MIT MANGO

FÜR 4 PERSONEN
FÜR DIE SUPPE:
200 g rote Linsen
1½ l heiße milde Gemüsebrühe
(z. B. aus Würzpaste, siehe S. 59)
2 Tomaten
1½ EL Limettensaft
1 TL Agavendicksaft
ca. 1 TL Meersalz

FÜR DIE DAL-GEWÜRZ-MISCHUNG:
1 rote Zwiebel (ca. 100 g)
1 Knoblauchzehe
1 haselnussgroßes Stück Ingwer
½ TL gemahlener Kreuzkümmel
¼ TL gemahlene Kurkuma
1 Msp. gemahlener Bockshornklee
¼ TL Nelkenpulver
Chilipulver
1 Msp. Zimtpulver
3 EL natives Kokosöl

FÜR DIE EINLAGE:
je 3 EL Sesamsamen und Cashewbruch
3 EL fein gehacktes Koriandergrün
6 EL kleine Mango- oder Pfirsichwürfel

ZUBEREITUNGSZEIT: 10 Min.
PRO PORTION ca. 490 kcal,
17 g EW, 30 g F, 32 g KH

1 Für die Suppe die Linsen in einem Sieb abbrausen und abtropfen lassen. Für die Dal-Gewürz-Mischung Zwiebel, Knoblauch sowie Ingwer schälen und in Würfel schneiden. Knoblauch und Ingwer in einer Tasse mit Kreuzkümmel, Kurkuma, Bockshornklee, Nelkenpulver, 1 Prise Chilipulver und Zimt mischen. Das Kokosöl in einem Topf erhitzen und die Zwiebelwürfel darin goldgelb braten. Die Gewürzmischung aus der Tasse dazugeben und 20 Sekunden mitrösten.

2 Für die Suppe die Linsen unter die Gewürzmischung rühren und etwa 20 Sekunden mitbraten. Mit der Brühe ablöschen und alles unter Rühren kurz aufkochen lassen, dabei den Bratsatz vom Topfboden lösen.

3 Die Tomaten waschen und halbieren, dabei jeweils den Stielansatz entfernen. Limettensaft, Tomatenhälften und Agavendicksaft in den Mixbecher geben. Die kochend heiße Linsenmischung hinzufügen. Darauf achten, dass Deckel und Verschlusskappe gut sitzen – durch den Dampf der heißen Flüssigkeit besteht sonst die Gefahr, dass diese vom Becher gedrückt werden.

4 Den Mixer langsam auf höchste Stufe drehen und alles 5 bis maximal 10 Sekunden mixen, sodass die Suppe noch Struktur hat – durch zu langes Mixen dickt die Masse zu stark ein und die Konsistenz wird schleimig! Die Suppe mit Salz abschmecken.

5 Für die Einlage Sesamsamen und Cashewbruch jeweils in einer Pfanne ohne Fett anrösten. Suppe auf Teller verteilen und mit Sesam, Cashewkernen, Koriander und Mango- oder Pfirsichwürfeln garnieren.

LIEBLINGSWÜRZPASTEN

Diese beiden Gewürzpasten sind wahre Allround-Talente. Am besten bereitest Du sie gleich zu Beginn zu, damit Du immer zur Hand hast. Egal ob Suppen, Saucen oder Marinaden – meine Pasten eignen sich dafür optimal als Basis!

Italienische Würzpaste

Für ca. 380 g (1 Glas von ca. 450 ml Inhalt) 2 Knoblauchzehen (geschält), 1 grob gewürfelte Schalotte (geschält), 4 EL junge Thymianblätter, 2 EL Rosmarinnadeln, 20 g Basilikumblätter, 30 g grob gehackten Blattspinat, 50 g grob gehackte Petersilie, 50 g grob gehackte Austernpilze oder Champignons, 5 g getrocknete Steinpilze, 1 EL Agavendicksaft, 150 ml natives Olivenöl, 25 g Meersalz, 1 Prise Chilipuver, 1 EL Zitronensaft und 1 TL abgeriebene Bio-Zitronenschale in den Mixbecher geben. Alles auf höchster Stufe etwa 20 Sekunden zu einer Paste mixen. Die Würzpaste in ein sauberes Twist-off-Glas füllen und gut verschließen. Sie hält sich im Kühlschrank mindestens 6 Monate.

Kräftige Würzpaste

Für ca. 700 g (2 Gläser à ca. 450 ml Inhalt) je 100 g grob gewürfelte Möhre, Petersilienwurzel und Knollensellerie, 100 g Frühlingszwiebeln oder Lauch (in 2 cm großen Stücken), 100 g grob gewürfelte rote Zwiebel (geschält), 50 g grob gewürfelte Kartoffel (geschält), 5 Wacholderbeeren, 3 Lorbeerblätter, 5 Pimentkörner, je 5 g getrocknete Shiitake- und Steinpilze, 1 gute Prise geräuchertes Paprikapulver, 8 EL Öl, 1 EL Limettensaft, 1 EL Sojasauce, 1 EL Misopaste (oder nach Belieben Würzhefeflocken) und 1 EL Ahornsirup in den Mixbecher geben und auf mittlerer Stufe mithilfe des Stößels zu einer feinen, noch leicht krümeligen Paste mixen. Die Masse in eine Schüssel umfüllen, 90 g Meersalz dazugeben und alles gut vermischen. Die Würzpaste in saubere Twist-off-Gläser füllen. Sie hält sich im Kühlschrank mindestens 6 Monate.

Es fasziniert mich, wie viel Power in dieser Tomatensauce steckt, ohne dass sie, wie in klassischen Rezepten sonst üblich, lange gekocht wurde. Wie eigentlich immer – wenn Tomaten die Hauptrolle spielen –, hängt das Ergebnis stark von der Qualität und Reife des Gemüses ab.

SCHNELLE TOMATEN-PASTASAUCE

FÜR 2 PERSONEN
½ kleine Zwiebel
8 EL natives Olivenöl
300 g reife Tomaten
1 kleine Knoblauchzehe
10 Basilikumblätter
4 getrocknete Tomatenhälften
50 ml Orangensaft
1 TL Agavendicksaft
2 TL Meersalz
Pfeffer aus der Mühle

ZUBEREITUNGSZEIT: 10 Min.
PRO PORTION ca. 490 kcal,
2 g EW, 49 g F, 10 g KH

1 Die Zwiebelhälfte schälen und in Würfel schneiden. Das Olivenöl in einem kleinen Topf erhitzen und die Zwiebelwürfel darin andünsten, bis sie Farbe bekommen. Die Tomaten waschen und vierteln, dabei jeweils den Stielansatz entfernen. Knoblauch schälen, das Basilikum waschen und fein hacken.

2 Die Hälfte der Tomatenviertel mit Zwiebelwürfeln, getrockneten Tomaten, Knoblauch, Orangensaft, Agavendicksaft, Salz und 1 guten Prise Pfeffer in den Mixbecher geben. Alles auf höchster Stufe 50 Sekunden mixen. Dann die restlichen Tomatenviertel und das Basilikum dazugeben und die Tomaten zwei- bis dreimal mit der Pulsfunktion grob zerkleinern. Die Sauce nach Belieben in einem Topf bei schwacher Hitze 1 Minute erwärmen. Mit Salz und Pfeffer abschmecken und mit Pasta genießen.

TIPP

Die Sauce kann man auch super als Raw-Tomato-Sauce einsetzen, z.B. zu Zucchinispaghetti. Dafür einfach die Zwiebelmenge halbieren und diese roh mit in den Mixer geben. Ich streue gern noch ein paar mit Knoblauch, Meersalz, Pfeffer und Olivenöl geröstete Weißbrotbrösel und Pinienkerne auf die mit Sauce gemischte Pasta und setze 1 kleine Handvoll mit Zitronensaft marinierten Rucola darauf.

AVOCADO-LIMETTEN-PASTASAUCE

FÜR 2 PERSONEN
FÜR DIE SAUCE:
**230 g Avocadofruchtfleisch
(ca. 2 reife Avocados)
1 kleine Knoblauchzehe
1 EL Zwiebelwürfel
2 EL Limettensaft
4 EL natives Olivenöl
200 ml Orangensaft
1 TL Agavendicksaft
2 TL Meersalz
Pfeffer aus der Mühle
200 ml milde Gemüsebrühe oder
heißes Nudelkochwasser
(z.B. aus Würzpaste, siehe S. 59)**

FÜR DIE DEKO:
**2 EL gehackte Oreganoblätter
2 EL gehackter Rucola
4 EL geviertelte Cocktailtomaten
(oder kleine Paprikawürfel)**

ZUBEREITUNGSZEIT: 10 Min.
PRO PORTION ca. 380 kcal,
2 g EW, 37 g F, 9 g KH

1 Für die Sauce das Avocadofruchtfleisch in Würfel schneiden. Den Knoblauch schälen und mit den Avocadowürfeln in den Mixbecher geben.

2 Zwiebelwürfel, Limettensaft, Olivenöl, Orangensaft, Agavendicksaft, Salz und 1 gute Prise Pfeffer hinzufügen. Alles auf höchster Stufe 30 Sekunden mixen. Dann die Brühe oder das Nudelkochwasser dazugeben und zwei- bis dreimal mit der Pulsfunktion mixen.

3 Die Pastasauce nach Belieben in einem Topf bei schwacher Hitze 1 Minute erwärmen, mit Salz sowie Pfeffer abschmecken. Vor dem Servieren mit Oregano, Rucola und Tomatenvierteln bestreuen. Zu Pasta genießen.

TIPP

Mit Pasta kann man problemlos eine größere Gästeschar bewirten. Von der Sauce dann einfach entsprechend mehr zubereiten und am besten verschiedene Nudelsorten kochen, z.B. auch eine glutenfreie Sorte, wie die so schön bissfesten Linsennudeln – dann müssen auch Glutenallergiker nicht wie sonst so oft ihr eigenes Essen mitbringen.

ROTE-PESTO-PASTASAUCE

Mit das Beste, was einem Teller Pasta passieren kann: Die Sauce auf der Basis eines selbst gemachten roten Pestos ist ein wahres Feuerwerk an Aromen, die sich optimal entfalten, wenn Nudeln und Sauce vor dem Servieren in einer Schüssel gut vermischt werden.

FÜR 4 PERSONEN
70 g Pinienkerne
1 kleine Möhre (ca. 70 g)
½ kleine Knoblauchzehe
3 getrocknete Tomatenhälften
8 EL natives mildes Olivenöl
1 TL Zitronensaft
1 TL abgeriebene Bio-Zitronenschale
1 TL Agavendicksaft
1 TL Meersalz
Pfeffer aus der Mühle
1 EL helle Misopaste
(z.B. Lupinenmiso; ersatzweise
2 EL Würzhefeflocken)
1 cm milde rote Chilischote
(ohne Kerne)
100 ml milde Gemüsebrühe
(z.B. aus Würzpaste, siehe S. 59)
30 ml Orangensaft

ZUBEREITUNGSZEIT: 10 Min.
PRO PORTION ca. 350 kcal,
5 g EW, 34 g F, 5 g KH

1 Die Pinienkerne in einer Pfanne ohne Fett goldgelb anrösten und beiseitestellen. Die Möhre putzen, schälen und grob würfeln. Den Knoblauch schälen. Die Möhrenwürfel und den Knoblauch in den Mixbecher geben.

2 Getrocknete Tomaten, Öl, Zitronensaft und -schale, Agavendicksaft, Salz, 1 gute Prise Pfeffer, Misopaste, Chilischote, Brühe und Orangensaft ebenfalls in den Mixbecher geben. Alles auf der höchsten Stufe etwa 30 Sekunden zu einer glatten Sauce mixen.

3 Die Pinienkerne dazugeben und die Zutaten auf höchster Stufe etwa 5 Sekunden weitermixen, sodass die Struktur noch leicht grobkörnig ist. Zum Servieren die Pesto-Sauce nach Belieben mit frisch gekochter Pasta mischen und mit gerösteten Pinienkernen sowie roten Chilischotenstreifen garnieren. Dazu passt ein Salat.

ROASTED PAPRIKA-CHEEZE-SAUCE

FÜR 4 PERSONEN
1 rote Paprikaschote (ca. 150 g)
1 rote Zwiebel (ca. 90 g)
175 g mehligkochende Kartoffeln
(geschält und in Würfeln)
80 g Cashewbruch
7 EL Öl
1 TL Meersalz
Pfeffer aus der Mühle
2 cm milde rote Chilischote
(ohne Kerne)
½ TL edelsüßes Paprikapulver
1 EL Zitronensaft
1 Streifen Bio-Zitronenschale
(ca. 2 × 1 cm)
1 Scheibe Knoblauch (ca. 2 mm dick)
1 EL Misopaste
½ TL Dijon-Senf
ca. 2 TL Worcestershiresauce

Zubereitungszeit: 25 Min.
PRO PORTION ca. 370 kcal,
6 g EW, 31 g F, 15 g KH

1 Den Backofengrill auf höchster Stufe vorheizen. Die Paprikaschote längs halbieren, entkernen und waschen. Die Hälften mit der Hautseite nach oben auf ein Backblech legen und unter dem Grill auf der obersten Schiene etwa 10 Minuten garen, bis die Haut komplett schwarz ist. Aus dem Ofen nehmen, mit einem feuchten Tuch bedecken und abkühlen lassen. Inzwischen die Zwiebel schälen und in Würfel schneiden. Die Kartoffel- und die Zwiebelwürfel in einem Topf in ½ l Wasser etwa 15 Minuten weich garen.

2 Die Kartoffel-Zwiebel-Mischung abgießen, dabei 150 ml Kochwasser auffangen. Die Kartoffel-Zwiebel-Mischung und das aufgefangene Kochwasser in den Mixbecher geben. Cashewbruch, Öl, Salz, 1 gute Prise Pfeffer, Chilischote, Paprikapulver, Zitronensaft und -schale, Knoblauch, Misopaste, Senf und 2 TL Worcestershiresauce hinzufügen. Von den Paprikahälften die schwarze Haut mit einem Messer abziehen. Das Paprikafruchtfleisch in den Mixer geben. Alles auf höchster Stufe 1 Minute glatt mixen. Die Sauce nochmals mit Salz, Pfeffer und Worcestershiresauce abschmecken.

TIPP

Die Sauce (ein paar Löffel für obendrauf beiseitestellen) mische ich in einer ofenfesten Form mit halb gar gekochter Pasta, 1 großen Handvoll Tomatenwürfel, 2 EL fein gehackten Salzkapern und 1 Handvoll gehacktem Basilikum. Die beiseitegestellte Sauce daraufgeben. Dann 4 bis 5 EL Weißbrotbrösel mit 1 gewürfelten Knoblauchzehe und 1 bis 2 EL Olivenöl mischen und darauf verteilen. Im Backofen bei 180 °C (Umluft 160 °C) 25 Minuten backen.

Suppen, Saucen & Co.

FEINES ZUM MARINIEREN

Diese Marinaden sind nicht nur super geeignet, um damit Gemüse für den Grillnachmittag zu würzen, sondern machen auch aus Tofu etwas ganz Besonderes – wer bislang der Meinung war, Tofu schmecke nach nichts, wird ihn ab sofort lieben!

BBQ-Style-Chipotle-Marinade

Für ca. 1 kg Bratgut 3 Chipotle-Chilis (geräucherte Chilischoten) längs halbieren, entkernen, mit ½ l kochendem Wasser überbrühen und 5 Minuten ziehen lassen (Achtung: Dampf nicht einatmen – er reizt die Atemwege!). Inzwischen 1 Zwiebel (ca. 110 g) schälen, grob würfeln und in einem Topf in 1 EL Olivenöl hell anbraten. 400 g geschälte Tomaten (aus der Dose) mit 100 ml Orangensaft dazugeben. Alles kurz aufkochen. 1 große Knoblauchzehe schälen. Chilis abgießen und mit der Tomatenmischung, 1½ EL Worcestershiresauce, Knoblauch, 4 Medjoul-Datteln (ohne Stein; ersatzweise 3 EL Agavendicksaft), ½ TL abgeriebener Bio-Orangenschale, 1½ bis 2 EL Aceto balsamico (aus dem Bioladen), 5 EL Olivenöl, 3 TL Meersalz, 1 EL Sojasauce, und nach Belieben mildem geräuchertem Paprikapulver (für mehr Raucharoma) in den Mixbecher geben. Alles auf höchster Stufe 40 Sekunden glatt mixen. Als Marinade verwenden (siehe unten) oder im Topf bei schwacher Hitze 10 Minuten köcheln lassen, mit Salz, Pfeffer und Essig abschmecken und als BBQ-Sauce servieren.

Für marinierten Tofu ½ cm dicke Scheiben in Öl auf beiden Seiten je 5 Minuten braten. Mit ein paar Löffeln Marinade benetzen, kurz weiterbraten und im Backofen bei 150 °C auf der mittleren Schiene 15 Minuten knusprig backen.

Tandoor-Joghurt-Marinade

Für ca. 1 kg Bratgut 1 rote Zwiebel (ca. 70 g) und 2 große Knoblauchzehen schälen und grob würfeln, 10 g Ingwer schälen und fein schneiden. Die vorbereiteten Zutaten mit 400 g Soja-, Lupinen- oder Kokosjoghurt, 1 TL Garam Masala (ind. Gewürzmischung), 1 TL gemahlener Kurkuma, 1 TL rosenscharfem Paprikapulver, ½ TL gemahlenem Kardamom, ½ TL Pfeffer aus der Mühle, 2 TL Limettensaft, 3 EL Ahornsirup und 1 EL Salz in den Mixbecher geben. Alles auf höchster Stufe 30 Sekunden glatt mixen.

Das Bratgut (z.B. Pilze, Tofu, Tempeh, Saitan, Kohlrabi, gegarte Kartoffelscheiben) mindestens 2 Stunden, am besten über Nacht, damit marinieren. Dann im Backofen bei 200 °C 15 bis 20 Minuten backen. Alternativ das Bratgut mit einer dünnen Schicht Marinade auf dem Grill 5 Minuten garen.

Sweet Cilantro-Lime-Marinade

Für ca.1 kg Bratgut 2 große Bund Koriandergrün (ca. 60 g) und 10 Minzeblätter waschen, trocken schütteln und grob hacken. 2 kleine Knoblauchzehen schälen, 4 cm mittelscharfe rote Chilischote (ohne Kerne) waschen. 2 cm Zitronengras (nur der untere weiße Teil) waschen und fein schneiden. Die vorbereiteten Zutaten mit 5 EL Limettensaft, 2 gestr. TL Meersalz, 8 EL nativem Olivenöl, 1½ EL geröstetem Sesamöl, 8 EL frisch gepresstem Orangensaft, 5 EL Ahornsirup, 4 EL Sojasauce und ½ TL Speisestärke im Mixbecher auf höchster Stufe 20 Sekunden glatt mixen.

Perfekt zum Marinieren von Tofu und Tempeh (siehe Tipp links). Soll Gemüse (z.B. Kürbisspalten) mariniert werden, dieses mit der Sauce im Backofen bei 170 °C etwa 20 Minuten braun backen.

Die Sauce ist zwar durch die Nüsse eher deftig und gehaltvoll, bekommt aber durch die Zitrone dennoch eine schöne Leichtigkeit und liegt deshalb auch an warmen Tagen nicht schwer im Magen. Damit kann es ruhig öfter heißen: „Heute gibt es bei mir Pasta – basta!"

PASTASAUCE AL LIMONE

FÜR 4 PERSONEN
FÜR DIE SAUCE:
1 Zwiebel (ca. 60 g)
1 Knoblauchzehe
200 g Cashewbruch
600 ml heiße milde Gemüsebrühe
(z.B. aus Würzpaste, siehe S. 59)
3 EL natives Olivenöl
4 EL Zitronensaft
1 Streifen Bio-Zitronenschale
(ca. 4 × 2 cm)
1 EL frische Rosmarinnadeln
4 g getrocknete Shiitakepilze
Meersalz
Pfeffer aus der Mühle
90 g Artischockenherzen
(in Öl, abgetropft)

AUSSERDEM:
1 kleiner Zucchino
1 Handvoll Basilikumblätter

ZUBEREITUNGSZEIT: 10 Min.
PRO PORTION ca. 470 kcal,
12 g EW, 39 g F, 15 g KH

1 Für die Sauce die Zwiebel und den Knoblauch schälen und in grobe Würfel schneiden. Cashewbruch, Brühe, Olivenöl, Zitronensaft und -schale, Zwiebel- und Knoblauchwürfel, Rosmarin und Pilze in den Mixbecher geben. Alles auf höchster Stufe 1 Minute glatt mixen und mit Salz sowie Pfeffer abschmecken. Die Artischockenherzen dazugeben und zwei- bis dreimal mit der Pulsfunktion zerkleinern. Die Sauce in einem Topf kurz aufkochen.

2 Den Zucchino putzen, waschen und fein würfeln. Das Basilikum waschen, trocken schütteln und fein schneiden. Die Sauce zu Pasta – passt super zu Farfalle oder langen Makkaroni – servieren und mit den Zucchiniwürfeln und dem Basilikum bestreuen.

TIPP

Für diese Pastasauce kann man auch jedes andere Gemüse als Einlage verwenden, z.B. auch im Ofen leicht geschmorte Cocktailtomaten. Wer es ein bisschen farbiger haben möchte, kann etwas Tomatenmark oder Paprikapulver dazugeben. Die Sauce passt auch super zu Kartoffeln, da sie geschmacklich in Richtung saure Sahne geht.

KARTOFFEL-PETERSILIEN-SAUCE

Kartoffel zu Nudel – das mag ungewohnt klingen, funktioniert aber wirklich super! High Carb ist hier angesagt, wenn die sämige Sauce auf Kartoffelbasis das Pastaglück auf dem Teller vollkommen macht, und zwar auf die ganz feine und leichte Art.

FÜR 4 PERSONEN
1 Zwiebel (ca. 70 g)
115 g mehligkochende Kartoffel
(geschält und in ½ cm großen Würfeln)
300 ml heiße Gemüsebrühe
(z.B. aus Würzpaste, siehe S. 59)
150 g Mandeln (ohne Haut)
1 Bund Petersilie (ca. 50 g)
5 g getrocknete Shiitakepilze
1 EL Zitronensaft
1 TL salzige Kapern
½ TL Dijon-Senf
Meersalz
1 kleine Knoblauchzehe
2 EL Olivenöl
Pfeffer aus der Mühle

ZUBEREITUNGSZEIT: 25 Min.
PRO PORTION ca. 330 kcal,
11 g EW, 27 g F, 10 g KH

1 Die Zwiebel schälen und in Würfel schneiden. Die Kartoffel- und die Zwiebelwürfel in der Brühe in einem Topf zugedeckt 15 Minuten weich garen.

2 Inzwischen die Mandeln in einer Pfanne ohne Fett leicht rösten, abkühlen lassen und im Mixer mit der Pulsfunktion zu grobkörnigen Bröseln zerkleinern. In einer Schale beiseitestellen. Die Petersilie waschen, trocken schütteln und grob hacken. Petersilie, Pilze, Zitronensaft, Kapern, Senf und 1 TL Salz in den Mixbecher geben. Den Knoblauch schälen, in einer Pfanne in 2 EL Öl goldgelb rösten und ebenfalls in den Mixbecher füllen.

3 Die Kartoffel-Zwiebel-Mischung mitsamt der Brühe in den Becher geben und alles auf höchster Stufe 15 bis 20 Sekunden mixen, sodass noch Petersilienstücke zu sehen sind.

4 Die Mandeln dazugeben und auf niedrigster Stufe untermischen. Die Sauce mit Salz und Pfeffer abschmecken. Mit frisch gekochter Pasta mischen und servieren. Wem die Sauce zu dickflüssig ist: einfach etwas Nudelkochwasser untermischen. Dazu passen angebratene Weißbrotbrösel sowie ein Salat aus grünen oder weißen Bohnen.

SPAGHETTI AL PEPE

Die Sauce wird im Original mit sehr viel frischem schwarzem Pfeffer, dem Nudelkochwasser und einem speziellen Hartkäse zubereitet – ein einfaches Essen, das auch als pflanzliche Variante ganz wunderbar schmeckt. Dazu passt frisch gehobelter schwarzer Trüffel und grüner Salat sehr gut.

FÜR 2–3 PERSONEN
20 g Meersalz
500 g Spaghetti
100 g Cashewbruch
20 g helle Bio-Misopaste
(z.B. Lupinenmiso; siehe Tipp)
1 EL Pfeffer aus der Mühle
1 EL Olivenöl

ZUBEREITUNGSZEIT: 15 Min.
PRO PORTION ca. 840 kcal,
29 g EW, 22 g F, 125 g KH

1 Für die Spaghetti in einem großen Topf 5 l Wasser mit dem Meersalz zum Kochen bringen und die Nudeln darin nach Packungsanweisung bissfest garen. In ein Sieb abgießen, dabei 300 ml Nudelkochwasser auffangen.

2 Cashewbruch, Misopaste, Pfeffer, Öl und das aufgefangene Nudelkochwasser in den Mixbecher geben und alles auf höchster Stufe 1 Minute glatt mixen. Die Sauce mit Salz abschmecken.

3 Zum Servieren die Sauce mit den Nudeln mischen und auf Tellern anrichten. Nach Belieben mit gehackter Petersilie und knusprigen Weißbrotbröseln bestreuen.

TIPP

Die Wahl der Misopaste ist sehr entscheidend, da es extrem große Qualitätsunterschiede gibt. Wichtig ist, dass Du zu einer hellen und milden Paste greifst, deren Geschmack an Käse erinnert (siehe Seite 137). Alternativ kannst Du auch 1 bis 3 EL Würzhefeflocken aus dem Biomarkt verwenden.

Diese geschmacksintensive Sauce lässt sich nur ungern die Show stehlen und passt deshalb am besten zu allem, was geschmacklich nicht zu dominant ist: Mit Nudeln, Kartoffeln oder Gemüse auf dem Teller kommt sie zum Beispiel besonders gut zur Geltung.

GREEN KAPERNSAUCE

FÜR 2 PERSONEN
1 Zwiebel (75 g)
1 Knoblauchzehe
3 Zweige Thymian (ersatzweise
½ TL getrockneter Thymian)
4 Stiele Petersilie
2 Salbeiblätter
3 EL Olivenöl
100 ml veganer trockener Weißwein
65 g Blattspinat
1 EL Kapern (in Salz eingelegt)
250 g heiße Gemüsebrühe
(z.B. aus Würzpaste, siehe S. 59)
50 g Kichererbsen (aus der Dose)
25 g Cashewbruch (ersatzweise helles
Cashew- oder weißes Mandelmus)
Meersalz
Pfeffer aus der Mühle
1 Spritzer Zitronensaft
zum Abschmecken

ZUBEREITUNGSZEIT: 15 Min.
PRO PORTION ca. 350 kcal,
7 g EW, 27 g F, 11 g KH

1 Die Zwiebel und den Knoblauch schälen und in kleine Würfel schneiden. Thymian, Petersilie und Salbei waschen und trocken schütteln. Vom Thymian die Blätter abzupfen, die Petersilie hacken.

2 Das Öl in einem Topf erhitzen und Zwiebel und Knoblauch mit Thymian, Petersilie, Salbeiblättern darin goldgelb anrösten. Mit Wein ablöschen und diesen einkochen lassen. Inzwischen den Spinat verlesen, waschen und trocken schütteln.

3 Die Zwiebelmischung mit Kapern, Brühe, Spinat, Kichererbsen und Cashewbruch in den Mixbecher geben. Alles auf höchster Stufe 1 Minute glatt mixen und mit Salz, Pfeffer und Zitronensaft abschmecken. Passt gut zu Pasta (siehe Tipp), Gemüse oder Kartoffeln.

TIPP
Für ein feines Pastagericht die Sauce mit al dente gekochten Spaghetti, einer Handvoll fein geschnittenem Spinat, 1 EL gehackten Kapern und nach Belieben kleinen Tomatenwürfeln mischen.

BASIS-TOMATENSAUCE

Die Sauce ist sehr einfach gehalten, super schnell zubereitet und passt gut zu Pasta. Sie ist aber auch eine tolle Basis für herzhaftes Gebäck wie Pizza oder Blätterteigschnecken. Orangensaft verleiht der Sauce eine frische Note, Mandelmus Sämigkeit.

FÜR 4 PERSONEN
2 Zwiebeln
2 Knoblauchzehen
6 EL Olivenöl
Chilipulver
140 ml Orangensaft
800 g stückige Tomaten (aus der Dose)
4 getrocknete Tomatenhälften
je 10 g getrocknete Stein- und Shiitakepilze
ca. 1 EL Aceto balsamico (aus dem Bioladen)
2 TL Ahornsirup
30 g weißes Mandelmus (ersatzweise weißes Cashewmus oder Cashewbruch)
1 Msp. Pfeffer aus der Mühle
ca. 2 TL Meersalz

ZUBEREITUNGSZEIT: 15 Min.
PRO PORTION ca. 290 kcal, 4 g EW, 23 g F, 15 g KH

1 Die Zwiebeln sowie den Knoblauch schälen und würfeln. In einer Pfanne 1 EL Olivenöl erhitzen und Zwiebeln, Knoblauch und 1 gute Prise Chilipulver darin bei starker Hitze 3 Minuten goldgelb anbraten.

2 Mit Orangensaft ablöschen, stückige und getrocknete Tomaten sowie die getrockneten Pilze dazugeben und alles kurz aufkochen.

3 Die Tomatenmischung in den Mixbecher geben. Essig, Ahornsiurp, Mandelmus, Pfeffer und Salz hinzufügen. Alles auf höchster Stufe 1 Minute glatt mixen. Nochmals nach Belieben mit Salz, Essig, Chili und Pfeffer abschmecken.

TIPP

Zum Servieren die Sauce in der Pfanne mit gegarten Spaghetti mischen, auf Teller verteilen und nach Belieben etwas Thymian, gehackte Salzkapern, gehackte eingelegte Artischockenherzen und Oregano darüberstreuen.

ROAST-TIME-SAUCE

Bevor die Zutaten in den Mixer kommen, wird für dieses Rezept erst einmal das Gemüse im Backofen würzig geröstet. Dadurch erhält die Sauce ein unvergleichlich starkes Aroma und macht am Ende aus schlichter Pasta ein Festmahl!

FÜR 2 PERSONEN
350 g Tomaten
135 g Zucchinischeiben (1 cm dick)
1 große weiße Zwiebel (ca. 150 g)
2 Knoblauchzehen
3 cm rote Chilischote (ohne Kerne)
Öl für das Blech
Meersalz
Pfeffer aus der Mühle
1 EL frische Rosmarinnadeln
1 TL Agavendicksaft
1 EL weißes Mandelmus
(ersatzweise weißes Cashewmus)
50 ml milde Gemüsebrühe
(z. B. aus Würzpaste, siehe S. 59)
75 ml Orangensaft

ZUBEREITUNGSZEIT: 25 Min.
PRO PORTION ca. 250 kcal,
6 g EW, 15 g F, 18 g KH

1 Die Tomaten waschen und längs halbieren, dabei jeweils den Stielansatz entfernen. Die Zwiebel schälen und in Spalten (Wedges) schneiden. Den Knoblauch schälen. Die Chilischote waschen und fein würfeln.

2 Den Backofengrill auf 250 °C anschalten. Ein Backblech leicht einfetten. Tomaten, Zucchini, Zwiebel, Knoblauch, Chili, ½ TL Salz, 1 gute Prise Pfeffer, Rosmarin und Agavendicksaft auf dem Blech mischen und verteilen. Dabei die Tomatenhälften jeweils mit der Schnittfläche nach unten platzieren. Das Gemüse im Ofen auf der mittleren Schiene etwa 10–15 Minuten rösten, bis die Tomatenhaut schwarz ist und das restliche Gemüse eine goldgelbe Röstfarbe hat.

3 Das Gemüse aus dem Ofen nehmen. Die großen Zucchinischeiben und ein paar Zwiebelspalten aussortieren, mit dem Messer klein hacken und beiseitestellen. Von den Tomaten die schwarze Haut abziehen und entfernen. Die Tomaten und das restliche Gemüse vom Blech mitsamt dem entstandenen Bratsud in den Mixbecher geben. Mandelmus, Brühe und Orangensaft hinzufügen und alles auf höchster Stufe 20 Sekunden glatt mixen. Die Sauce mit den gehackten Gemüsewürfeln mischen und nach Belieben mit heißer Pasta genießen.

BÉCHAMEL ROSE

Die Sauce eignet sich super zu Gemüse oder auch gekochtem Getreide. Und ganz wie ihr Vorbild mit Milch ist sie auch für Klassiker wie Lasagne oder zum Überbacken von Aufläufen ein absoluter Traum. Die Zauberzutat für die Cremigkeit: Cashewkerne.

FÜR CA. 1 L
2 cm milde rote Chilischote (ohne Kerne)
150 g Cashewbruch
1 EL Tomatenmark
5 EL Öl
40 g Dinkelmehl (Type 630)
frisch geriebene Muskatnuss
Pfeffer aus der Mühle
ca. 1 gehäufter TL Meersalz
½ TL Agavendicksaft

ZUBEREITUNGSZEIT: 5 Min.
PRO PORTION ca. 200 kcal,
5 g EW, 16 g F, 8 g KH

1 In einem Topf oder Wasserkocher 800 ml Wasser aufkochen. Die Chilischote längs halbieren, entkernen und waschen.

2 Wasser, Cashewbruch, Chilischote, Tomatenmark, Öl, Mehl, je ¼ TL Muskatnuss und Pfeffer, 1 gehäuften TL Salz und Agavendicksaft in den Mixbecher geben. Alles auf höchster Stufe 1 Minute glatt mixen.

3 Die Sauce nach Belieben nochmals mit Salz und Muskatnuss sowie nach Belieben mit Chilipulver abschmecken.

TIPP

Soll die Sauce für eine Lasagne oder zum Überbacken verwendet werden, einfach 50 g mehr Chashewbruch verwenden, damit die Sauce etwas dickflüssiger wird. Für eine glutenfreie Variante das Mehl durch Teff- oder Kichererbsenmehl ersetzen und die gemixte Sauce in einem Topf kurz aufkochen lassen.

FEIN ANGEMACHT

Gute Dressings für Salate sind Gold wert. Mit diesen Rezepten schmeckt Salat auch allen, die sonst einen großen Bogen darum machen. In nur 5 Minuten sind die Dressings fertig. Am besten immer die doppelte Menge zubereiten, denn alle Dressings halten sich locker 3 Tage im Kühlschrank.

Mango-Kokos-Dressing

Für 2 Personen 140 g Mangofruchtfleisch würfeln, 1 Scheibe Ingwer (ca. 1 cm dick) schälen und klein schneiden. Mango, Ingwer, 40 ml Kokosmilch, 1 TL geröstetes Sesamöl, 3 TL natives Olivenöl, 1 cm milde rote Chilischote (ohne Kerne), 2 TL Reisessig oder Balsamico bianco, 1 TL Meersalz, 1 gute Prise Pfeffer aus der Mühle, 1 Scheibe Knoblauch (1 mm dick) sowie 50 ml Wasser in den Mixbecher geben. Alles auf höchster Stufe 1 Minute glatt mixen. 2 Minuten ziehen lassen, mit Meersalz, Pfeffer und 1 Spritzer Limettensaft abschmecken.

Passt zu Reis-Glasnudelsalat oder Rohkost.

All Time Classic Dressing

Für 2 Personen 1 TL mittelscharfen Senf, 1 TL Ahornsirup, 1 Stiel Petersilie, 50 ml Orangensaft, 1 EL weißes Mandelmus, 3 EL Balsamico bianco, 1 TL Meersalz, 1 Streifen Bio-Zitronenschale (ca. 1×1 cm) und 1 gute Prise Pfeffer aus der Mühle im Mixbecher auf höchster Stufe 20 Sekunden glatt mixen, es soll noch Petersilie sichtbar sein.

Das perfekte Dressing für Blattsalate.

Rohkost-Multitalent-Dressing

Für 2 Personen 6 EL Balsamico bianco, 3 EL Olivenöl, 100 ml Wasser oder milde Gemüsebrühe (z.B. aus Würzpaste, siehe S. 59), 50 g gerösteten Cashewbruch, 1 TL Ahornsirup, 1 Scheibe Ingwer (ca. 1 cm dick), 50 g Orangenfruchtfleisch, 1 gute Prise Zimtpulver, 1 TL Meersalz und 1 gute Prise Pfeffer aus der Mühle in den Mixbecher füllen. Alles auf höchster Stufe 1 Minute glatt und cremig mixen.

Ein Traum für Rohkost! Am liebsten esse ich das Dressing zu hauchdünn gehobeltem Kraut (halb Rot- und halb Weißkohl) oder zu gehobeltem Fenchel.

Caesar Classic Dressing

Für 2 Personen 1½ TL Dijon-Senf, 1 TL Ahornsirup, 1 Knoblauchzehe (geschält), 1 TL Kapern (in Salz eingelegt), 2 TL helle Misopaste (10 g), 3 EL Zitronensaft, 1 TL Worcestershiresauce, 30 g geröstetem Cashewbruch, 7 EL natives Olivenöl, ½ TL Meersalz (2 g), 1 gute Prise Pfeffer aus der Mühle und 75 ml Wasser im Mixer auf höchster Stufe 1 Minute glatt mixen.

Klassisch wird das Dressing mit grünem Salat, Knoblauchcroûtons und Pinienkernen serviert – einfach nur lecker!

ASIA-STYLE ERDNUSSSAUCE

Diese sämige Sauce mit der exotischen Geschmacksnote ist eine asiatische Erdnusssauce. Sie passt perfekt zu gebratenem Gemüse und Reis, schmeckt aber genauso gut auch als Dip zu Rohkost. Nach Belieben kannst Du sie kalt servieren oder zuvor noch kurz erhitzen.

FÜR 4–5 PERSONEN
2 cm rote Chilischote (ohne Kerne)
1 Scheibe Ingwer (ca. 1 cm dick)
1 kleine Knoblauchzehe
180 g gesalzene, geröstete Erdnüsse
3 TL Limettensaft
4 EL Bio-Sojasauce (Tamari)
1½ EL Ahornsirup
½ l heiße Gemüsebrühe (z. B. aus Würzpaste, siehe S. 59)
1 EL Schalottenwürfel
1 TL abgeriebene Bio-Zitronenschale (ersatzweise der untere weiße Teil von 1 Stängel Zitronengras)

ZUBEREITUNGSZEIT: 10 Min.
PRO PORTION ca. 280 kcal,
11 g EW, 21 g F, 9 g KH

1 Die Chilischote längs halbieren, entkernen und waschen. Den Ingwer und den Knoblauch schälen.

2 Die vorbereiteten Zutaten mit Erdnüssen, Limettensaft, Sojasauce, Ahornsirup, Brühe, Schalottenwürfeln und Zitronenschale in den Mixbecher geben. Alles auf höchster Stufe 1 Minute glatt mixen.

TIPP

Ich rühre nach dem Mixen gern noch ein paar fein gehackte und geröstete Erdnüsse, frisch geschnittene Frühlingszwiebel und Gurken- oder Kohlrabistreifen unter – in Kombination mit Reis und kross gebratenen Pilzen ein Traum.

Anis und Zimt sind bei dieser Sauce extrem wichtig für den Geschmack und dürfen auf gar keinen Fall fehlen – von beiden Gewürzen kannst Du hier ruhig eine kräftige Prise verwenden. Ganz klassisch ist die Currysauce eine wichtige Basis für Gerichte der thailändischen Küche.

THAI-CURRYSAUCE

FÜR 4–5 PERSONEN
1 haselnussgroßes Stück Ingwer
2 Stängel Zitronengras
(jeweils nur der weiße Teil)
2 cm scharfe rote Chilischote
Zimtpulver
gemahlener Anis
4 Blatt Kaffir-Limettenblätter
je 1 TL gemahlener Koriander
und Kreuzkümmel
1 TL gemahlene Kurkuma
4 Zwiebeln (ca. 360 g)
2 Knoblauchzehen
2 EL natives Kokosöl
200 ml milde Gemüsebrühe
(z.B. aus Würzpaste, siehe S. 59)
400 ml Kokosmilch (aus der Dose)
50 g Cocktailtomaten
1–2 TL Limettensaft
Meersalz
1½ TL Agavendicksaft
Pfeffer aus der Mühle

ZUBEREITUNGSZEIT: 15 Min.
PRO PORTION ca. 160 kcal,
2 g EW, 12 g F, 9 g KH

1 Den Ingwer schälen und in feine Würfel schneiden. Das Zitronengras waschen und in feine Würfel schneiden. Die Chilischote längs aufschneiden, entkernen und waschen. Die vorbereiteten Zutaten mit je 1 guten Prise Zimt und Anis, Limettenblättern, Koriander, Kreuzkümmel und Kurkuma in ein Schälchen geben.

2 Die Zwiebeln und den Knoblauch schälen und in feine Würfel schneiden. Das Kokosöl in einem Topf erhitzen und Zwiebeln sowie Knoblauch darin goldgelb anbraten. Die Gewürzmischung dazugeben und 30 Sekunden mitbraten. Mit Brühe ablöschen und den Bratensatz unter Rühren vom Topfboden lösen. Die Kokosmilch hinzufügen und alles kurz aufkochen lassen.

3 Die Tomaten waschen. Die Kokosmilchmischung mit Limettensaft, 2 TL Salz, Tomaten und Agavendicksaft in den Mixbecher geben. Alles auf höchster Stufe 1 Minute glatt mixen. Mit Salz, Pfeffer und nach Belieben mit Chilipulver abschmecken.

TIPP

Die Sauce liebe ich auch mit kleinen Ananaswürfeln, die man am Schluss untermischt. Perfekt ist sie zu gebratenem Gemüse: Gemüse nach Belieben in einer Pfanne in wenig Öl knackig anbraten, einen Schöpflöffel Sauce dazugeben und kurz aufkochen. Mit Reis, Reisnudeln oder Quinoa sowie feinen Gurken- und Möhrenstiften, fein gehackter Minze und gerösteten Nüssen servieren.

Suppen, Saucen & Co.

CREMIGE BRATGEMÜSE-SAUCE

FÜR 4–5 PERSONEN
120 g Knollensellerie
120 g Möhre
1 kleine mehligkochende Kartoffel (ca. 60 g)
1 Zwiebel (ca. 110 g)
2 Knoblauchzehen
7 EL Öl
100 ml veganer trockener Rotwein
je 1 gehäufter EL getrocknete Shiitake- und Steinpilze
1 Pimentkorn
1 Wacholderbeere
½ TL getrockneter Thymian
1 Lorbeerblatt
2 EL Tomatenmark
½ l milde Gemüsebrühe (z.B. aus Würzpaste, siehe S. 59)
6 EL Sojasauce
Meersalz
25 g weißes Mandelmus
1 Spritzer Agavendicksaft
1 EL Aceto balsamico (aus dem Bioladen)
Pfeffer aus der Mühle

ZUBEREITUNGSZEIT: 25 Min.
PRO PORTION ca. 350 kcal, 6 g EW, 29 g F, 13 g KH

1 Den Sellerie sowie die Möhre schälen und in 1 cm große Würfel schneiden. Die Kartoffel schälen, waschen und sehr fein würfeln. Die Zwiebel sowie den Knoblauch schälen und grob hacken.

2 In einer Pfanne 4 EL Öl erhitzen und Sellerie, Möhre, Kartoffel, Zwiebel und Knoblauch darin bei starker Hitze 5 Minuten unter häufigem Rühren rundum gleichmäßig braun anbraten. Mit der Hälfte des Rotweins ablöschen und den Bratsatz mit einem Holzschaber vom Topfboden lösen.

3 Getrocknete Pilze, Piment, Wacholderbeere, Thymian und Lorbeerblatt dazugeben. Den Wein einkochen lassen. Das Tomatenmark hinzufügen und 2 bis 3 Minuten bei starker Hitze mit rösten. Mit dem restlichen Wein ablöschen, den Bratsatz lösen und einkochen lassen. Dann nochmals kräftig anrösten (siehe Tipp).

4 Mit Brühe ablöschen, den Bratsatz lösen und alles kurz aufkochen. Dann mit Sojasauce, 2 TL Meersalz, restlichem Öl, Mandelmus, Agavendicksaft und Essig in den Mixbecher geben. Alles auf höchster Stufe 1 Minute glatt mixen. Die Sauce mit Salz und Pfeffer abschmecken. Sie passt mit gerösteten Zwiebeln sehr gut zu Spätzle, gebratenen Pilzen oder Kartoffelpüree.

TIPP
Je stärker der Röstgrad, desto dunkler die Sauce. Achte aber darauf, maximal dunkelbraun zu rösten – werden die Zutaten zu schwarz, schmeckt die Sauce verbrannt.

SAHNIGE MEERRETTICHSAUCE

Die Sauce passt mit dem feinen Aroma von Meerrettich hervorragend zu gedämpftem Gemüse oder geschmortem Ofenfenchel. Mandelmus und Dattel sind hier die Zauberzutaten für Bindung und Sämigkeit. Als Farbtupfer gebe ich auch gern noch Schnittlauchröllchen zur die Sauce.

FÜR 2 PERSONEN
ca. 2 cm Meerrettichwurzel
(10 g, oder 2 TL aus dem Glas)
65 g weißes Mandelmus
300 ml milde Gemüsebrühe
(z.B. aus Würzpaste, siehe S. 59)
1 kleine Dattel (ohne Stein)
1 TL Limettensaft
2 EL Öl (siehe Tipp)
Meersalz
Pfeffer aus der Mühle
etwas Meerrettich (aus dem Glas)

ZUBEREITUNGSZEIT: 10 Min.
PRO PORTION ca. 370 kcal,
5 g EW, 34 g F, 11 g KH

1 Den Meerrettich schälen und grob würfeln. Mit Mandelmus, Brühe, Dattel, Limettensaft, Öl, 1 gestrichenen TL Salz und 1 guten Prise Pfeffer in den Mixbecher geben. Alles auf höchster Stufe 1 Minute glatt mixen.

2 Die Sauce in einen Topf umfüllen, zum Kochen bringen und etwa 2 Minuten köcheln lassen, bis sie leicht angedickt ist. Nochmals mit Meerrettich, Salz und Pfeffer abschmecken.

TIPP

Für die Sauce eignet sich neben einer geschmacksneutralen Ölsorte auch Walnussöl sehr gut – dessen feines Nussaroma harmoniert perfekt mit dem Meerrettich. Da Walnussöl rasch ranzig wird, solltest Du es immer nur in Mengen kaufen, die Du innerhalb von etwa 2 Wochen aufbrauchen kannst.

AUFSTRICHE & DIPS

Für viele Menschen ist ein süßer oder auch deftiger Aufstrich fürs Frühstücksbrot am Morgen extrem wichtig. Hier findest Du sowohl ein paar herzhafte Aufstriche, als auch etwas für den süßen Gaumen! In meinen Augen geht es durchaus süß und trotzdem gesund. Ich habe die Süße meinem Geschmack angepasst, doch das kann für richtige Süßschnäbel eventuell zu lasch sein – deshalb einfach, je nach eigenem Geschmack, mehr oder weniger Datteln als Süßungsmittel verwenden.

Kichererbsen sind wie eigentlich alle Hülsenfrüchte eine echte Basiszutat, wenn es um die Zubereitung von Dips und Aufstrichen geht. Sie sorgen für eine wunderbar streichfähige Konsistenz und bringen ganz nebenbei gesundes Eiweiß, Ballaststoffe und Vitalstoffe ins Spiel.

GERÖSTETER PAPRIKA-HUMMUS

FÜR 2 PERSONEN
FÜR DEN HUMMUS:
1 rote Paprikaschote (ca. 150 g)
1 rote Zwiebel (ca. 75 g)
1 TL Bratöl
1 Scheibe Ingwer (ca. 1 cm dick)
1 kleine Knoblauchzehe (siehe Tipp)
50 ml Olivenöl
50 ml milde Gemüsebrühe
(z.B. aus Würzpaste, siehe S. 59)
1½ TL geröstetes Sesamöl
½ TL rosenscharfes Paprikapulver
geräuchertes Paprikapulver
(Pimentón de la Vera)
Meersalz
1½–2 EL Limettensaft
1 TL Ahornsirup
250 g Kichererbsen (gegart oder aus der Dose, abgetropft)
Pfeffer aus der Mühle

FÜR DIE DEKO:
Olivenöl zum Beträufeln
2 EL fein gehackte Petersilie
2 EL fein gehacktes Koriandergrün
4 EL Paprikaschotenwürfel
Paprikapulver

ZUBEREITUNGSZEIT: 20 Min.
PRO PORTION ca. 550 kcal,
11 g EW, 40 g F, 32 g KH

1 Für den Hummus den Backofengrill auf 250 °C einschalten. Die Paprikaschote längs halbieren, entkernen und waschen. Die Paprikahälften mit der Hautseite nach oben auf ein Backblech legen. Die Zwiebel schälen, in Spalten (Wedges) schneiden, rundum mit dem Öl einpinseln und um die Paprikahälften verteilen.

2 Das Gemüse unter dem Backofengrill auf der obersten Schiene 10 bis 15 Minuten garen, bis die Paprikahaut dunkel wird und Blasen wirft und die Zwiebel eine schöne braune Röstfarbe hat.

3 Das Blech aus dem Ofen nehmen, das Gemüse mit einem feuchten Tuch bedecken und 2 Minuten ruhen lassen. Dann die Paprikaschoten häuten und grob würfeln. Ingwer und Knoblauch schälen.

4 Paprikastücke, Zwiebeln, Ingwer und Knoblauch in den Mixbecher geben. Olivenöl, Brühe, Sesamöl, rosenscharfes Paprikapulver, 1 gute Prise geräuchertes Paprikapulver, 1 TL Salz, 1½ EL Limettensaft und den Ahornsirup hinzufügen. Die Kichererbsen daraufgeben und alles auf höchster Stufe 1 Minute glatt mixen. Hummus nochmals mit Salz und Limettensaft sowie etwas Pfeffer abschmecken.

5 Den Hummus in ein Schälchen füllen, mit etwas Olivenöl beträufeln und mit Petersilie, Koriander, Paprikawürfeln sowie etwas Paprikapulver garnieren.

PASTE MUHAMMARA-STYLE

Klassisch wird die Muhammara mit Granatapfelessig und Walnüssen zubereitet. Da der Essig in guter Qualität aber recht schwer zu bekommen ist, habe ich mit frischem Granatapfel gearbeitet. Und was die Nüsse betrifft: Ich liebe einfach Pistazien!

FÜR 2 PERSONEN
2 rote Paprikaschoten
1 Granatapfel
40 g Pistazienkerne
(ersatzweise Walnusskerne)
1 kleine Knoblauchzehe
2 TL Balsamico bianco
8 EL Olivenöl
1 TL rosenscharfes Paprikapulver
1 TL gemahlener Kreuzkümmel
abgeriebene Bio-Zitronenschale
Meersalz
60 g Paniermehl (oder Dinkel- oder glutenfreies Paniermehl; aus dem Bioladen)
1 EL fein gehackte Petersilie
Pfeffer aus der Mühle

ZUBEREITUNGSZEIT: 20 Min.
PRO PORTION ca. 710 kcal,
9 g EW, 60 g F, 33 g KH

1 Den Backofengrill auf 250 °C einschalten. Paprikaschoten längs halbieren, entkernen und waschen. Die Paprikahälften mit der Hautseite nach oben auf ein Backblech legen und unter dem Grill auf der obersten Schiene 10 bis 15 Minuten garen, bis die Haut schwarz wird und Blasen wirft.

2 Inzwischen den Granatapfel halbieren und auf einer Zitruspresse ausdrücken. Den Saft durch ein Sieb in den Mixbecher gießen. Die Pistazien in einer Pfanne ohne Fett leicht rösten und abkühlen lassen. Den Knoblauch schälen.

3 Das Blech aus dem Ofen nehmen. Die Paprikaschoten mit einem feuchten Tuch bedecken und 2 Minuten ruhen lassen. Die Schoten häuten, grob würfeln und mit dem Knoblauch sowie den Pistazien ebenfalls in den Mixbecher geben. Essig, Öl, Paprikapulver, Kreuzkümmel, 1 gute Prise Zitronenschale, 1 TL Salz und zum Schluss das Paniermehl in den Mixbecher füllen. Alles auf höchster Stufe 10 bis 20 Sekunden zu einer leicht grobkörnigen Paste mixen. Die Petersilie untermischen.

4 Die Muhammara mit Salz, Pfeffer und Zitronensaft abschmecken und nach Belieben mit einigen Granatapfelkernen bestreuen. Sie hält sich mit Olivenöl bedeckt knapp 1 Woche im Kühlschrank und passt hervorragend zu Fladenbrot oder Baguette.

PILZPASTETE À LA LEBERWURST

Dieser deftige Aufstrich ist zum Frühstück der perfekte und gesunde Ersatz für herzhafte Streichwurst. Auch für alle, die sonst um ein Leberwurstbrot einfach nicht herumkommen, ist die Pilzpastete eine ernst zu nehmende Alternative.

2 GLÄSER (À CA. 450 ML INHALT)
500 g Austernpilze
2 Zwiebeln (ca. 120 g)
3 EL Öl
Meersalz
Pfeffer aus der Mühle
2 TL getrockneter Majoran
50 g Paniermehl
100 g Kidneybohnen
(aus der Dose; abgetropft)
10 EL mildes Olivenöl
1 TL abgeriebene Bio-Zitronenschale
½ TL Zitronensaft
1½ TL Ahornsirup
geräuchertes Paprikapulver
(Pimentón de la Vera)

ZUBEREITUNGSZEIT: 30 Min.
PRO PORTION ca. 300 kcal,
5 g EW, 27 g F, 8 g KH

1 Den Backofen auf 200 °C (Umluft 180 °C) vorheizen. Ein Backblech mit Backpapier auslegen. Die Austernpilze putzen und grob hacken. Die Zwiebeln schälen und grob würfeln. Pilze und Zwiebeln mit Öl, 2 TL Salz und 1 guten Prise Pfeffer in einer Schüssel kurz durchkneten.

2 Die Pilzmischung auf dem Backpapier verteilen und im Ofen auf der mittleren Schiene etwa 20 Minuten goldgelb rösten. Das Blech aus dem Ofen nehmen und die Mischung leicht abkühlen lassen.

3 Die Pilzmischung mit Majoran, Paniermehl, Kidneybohnen, Olivenöl, 1 TL Salz, ½ TL Pfeffer, Zitronenschale und -saft, Ahornsirup und 1 Prise Paprikapulver in den Mixbecher geben. Alles mithilfe der Pulsfunktion und dem Stößel 30 Sekunden leicht grobkörnig mixen. Die Pilzpastete nach Belieben mit Salz und Pfeffer abschmecken.

TIPP

Frisch schmeckt die Pilzpastete zwar am leckersten, sie hält sich aber gut abgedeckt problemlos 3 bis 4 Tage im Kühlschrank. Die Pastete nach Belieben in ein Schälchen oder eine Tasse pressen und dann auf einen Teller stürzen. Mit Schnittlauchröllchen garniert servieren.

BEREIT ZUM DIPPEN

Sehr viel mehr als ein Stück Brot oder ein paar Gemüsesticks braucht es bei diesen Dips nicht zum Glücklichsein – wer es am liebsten sämig und cremig mag, greift zur käseähnlichen Cheeze-Paste oder der Blumenkohlcreme, wer eher auf etwas Stückigeres steht, zur Pebre.

Pebre de Chileno

Für 2 Personen 1 rote Zwiebel (ca. 80 g) schälen und grob würfeln. 1 Knoblauchzehe schälen und durchpressen. 1 milde rote Chilischote längs aufschneiden, entkernen, waschen und fein würfeln. 6 Tomaten (ca. 280 g) waschen und grob würfeln, dabei jeweils den Stielansatz entfernen. 1 Bund Koriandergrün waschen, trocken schütteln und grob hacken. Nacheinander Zwiebel, Knoblauch, Chili, Tomaten und Koriander in den Mixbecher geben. 6 EL Limetten- und 2 EL Orangensaft, 3 EL Olivenöl, 1 TL Salz und 1 gute Prise Pfeffer aus der Mühle hinzufügen. Alles drei- bis viermal mit der Pulsfunktion zerkleinern, sodass noch eine gute Struktur zu erkennen ist. Dann die Masse durch ein Sieb abgießen und die Flüssigkeit dabei auffangen. Die Masse in einer Schüssel mit 4 EL von der aufgefangenen Flüssigkeit verrühren.

Die Pebre ist ein Klassiker, der zu Empanadas schmeckt, aber super auch zu geröstetem Brot. Die restliche Flüssigkeit kann als Basis für eine Salatsauce dienen oder auf die Hälfte eingekocht und als Marinade für Tofu oder Gemüse verwendet werden.

Knoblauch-Cream-Cheeze

Für 4 Personen 275 g Cashewbruch, 1 gestr. TL Knoblauchgranulat, 2 EL Sauerkrautsaft oder Brottrunk, 1 TL mittelscharfen Senf, 1 TL Ahornsirup, 2 EL helle Misopaste; ersatzweise Würzhefeflocken) und 2 EL mildes Olivenöl in den Mixbecher geben. 1½ TL Meersalz, 1 gute Prise Pfeffer aus der Mühle und 200 ml kaltes Wasser hinzufügen. Alles auf höchster Stufe 1 Minute glatt mixen. Mit Salz und Pfeffer und nach Belieben mit 1 Spritzer Limettensaft abschmecken. Sofort verwenden oder zugedeckt bei Zimmertemperatur 12 Stunden ruhen lassen.

Ich mische gern noch fein gehackte Kräuter wie Schnittlauch, Petersilie und Rucola unter. Sehr lecker zu Baguette!

Blumenkohl-Creme

Für 4 Personen 225 g Blumenkohl in groben Stücken in 200 ml milder Gemüsebrühe (z.B. aus Würzpaste, siehe S. 59) aufkochen und zugedeckt 5 Minuten köcheln lassen. Blumenkohl mitsamt der Brühe in den Mixbecher geben. 5 EL Sonnenblumenöl oder mildes Olivenöl, 1 TL Salz, ½ TL Pfeffer aus der Mühle, 100 g Cashewbruch, 1 EL Zitronensaft und 1 TL Agavendicksaft hinzufügen. Alles auf höchster Stufe 1 Minute glatt mixen. Die Creme in eine Schale füllen und zugedeckt 2 bis 3 Stunden in den Kühlschrank stellen.

Passt auf Burger oder Sandwiches und ist ein prima Dip für Gemüse und Brotsticks. Auch lauwarm als Püree serviert schmeckt die Creme sehr lecker.

BANANA-CURRY-AUFSTRICH

Das ist mal ganz was anderes: Aus süßer Banane wird durch eine raffinierte Gewürzmischung im Nu ein außergewöhnlicher Allround-Dip, der wunderbar zu Brot, Gemüsesticks oder Reisgerichten passt, aber auch eine perfekte Unterlage unter dem Belag von Burgern, Burritos oder Sandwiches bildet.

FÜR 2 PERSONEN
1 kleine Zwiebel (ca. 60 g)
1 Knoblauchzehe
1 haselnussgroßes Stück Ingwer
3 EL natives Kokosöl
2 Kardamomkapseln (angedrückt)
1 Sternanis
1 Msp. gemahlene Kurkuma
frisch geriebene Muskatnuss
Nelkenpulver
2 große Bananen (ca. 320 g)
75 ml milde Gemüsebrühe
(z.B. aus Würzpaste, siehe S. 59)
1 EL Olivenöl
ca. 1½ EL Limettensaft
Meersalz
Pfeffer aus der Mühle
2 EL Kokosraspel

ZUBEREITUNGSZEIT: 15 Min.
PRO PORTION ca. 550 kcal,
3 g EW, 43 g F, 37 g KH

1 Die Zwiebel sowie den Knoblauch schälen und würfeln. Den Ingwer schälen und fein würfeln. Das Kokosöl in einer Pfanne erhitzen und Zwiebel, Knoblauch und Ingwer mit Kardamom und Anis darin bei starker Hitze 3 Minuten anbraten. Kurkuma sowie jeweils 1 gute Prise Muskatnuss und Nelkenpulver hinzufügen und kurz mitrösten.

2 Die Pfanne vom Herd nehmen und die Zwiebelmischung noch kurz darin ziehen lassen. Dann die Kardamomkapseln und den Sternanis herausnehmen. Die Zwiebelmischung in den Mixbecher geben.

3 Die Bananen schälen, klein schneiden und mit Brühe, Öl, 1½ EL Limettensaft, 1 TL Salz und 1 guten Prise Pfeffer zur Zwiebelmischung in den Mixbecher geben. Alles auf höchster Stufe 10 Sekunden zu einer Paste mit noch kleinen Stücken mixen. Die Paste in eine Schüssel füllen.

4 Die Kokosraspel in der Pfanne im Zwiebelbratfett bei mittlerer Hitze kurz anrösten, bis sie leicht Farbe bekommen. Die Raspel unter die Paste in der Schüssel mischen. Den Aufstrich mit Salz, Limette und Pfeffer abschmecken. Entweder lauwarm servieren oder vor dem Servieren 30 Minuten in den Kühlschrank stellen.

AUS ALLER WELT

Von solch leckeren Pasten und Dips kann ich gar nicht genug bekommen. Wegen ihrer vielfältigen Einsatzmöglichkeiten als Brotaufstrich, Dip oder Zutat für Marinaden sowie als Topping für Suppen und Bowls habe ich davon immer einen kleinen Vorrat griffbereit im Kühlschrank stehen.

Chimichurri

Für 2 Personen 1 Tomate (ca. 75 g) waschen und grob würfeln, dabei den Stielansatz entfernen. 1 kleine Schalotte schälen und würfeln. 2 Knoblauchzehen schälen, 2 cm scharfe rote Chilischote (ohne Kerne) waschen. 1 großes Bund Petersilie waschen, trocken schütteln und grob hacken. Tomate, Schalotte und Knoblauch in den Mixbecher geben. Nacheinander 100 ml mildes Olivenöl, 1 TL Salz, 1 gute Prise Pfeffer aus der Mühle, die Chilischote, 2 EL frische Oreganoblätter, 1 Lorbeerblatt, 3 EL Limettensaft, 1 EL Ahornsirup und die Petersilie hinzufügen. Alles zunächst auf höchster Stufe 20 Sekunden mixen, dann drei- bis viermal mit der Pulsfunktion zu einem leicht groben Dip verarbeiten.

Schmeckt als Dip, zu gegrilltem Gemüse, als Marinade für Tofu, als Topping in Bowls und zu einfachen Reisgerichten.

Smoked BBQ-Chili-Aufstrich

Für 3 Personen 2 Chipotle-Chilis (geräucherte Chilischoten; ersatzweise 1 TL geräuchertes scharfes Paprikapulver – das Pulver dann aber nicht überbrühen) längs aufschneiden, entkernen, mit kochendem Wasser überbrühen und 5 Minuten ziehen lassen. Inzwischen 1 Knoblauchzehe schälen und in Scheiben schneiden. 250 g zimmerwarme vegane Margarine bereitstellen, 1 TL davon in einer Pfanne erhitzen und die Knoblauchscheiben darin bei mittlerer Hitze goldgelb anbraten. Knoblauch mit der restlichen Margarine in den Mixbecher geben. Eingeweichte Chilis mit 2 EL Einweichwasser, 1 EL Tomatenmark, 1 TL abgeriebener Bio-Zitronenschale und 1 TL Agavendicksaft hinzufügen. Mixbecher gut verschließen, alles auf höchster Stufe 20 Sekunden glatt mixen. Mit 1 TL Salz, etwas Pfeffer aus der Mühle und 1 guten Prise getrocknetem Oregano abschmecken. Die flüssige Masse in eine Form oder einen Eiswürfelbehälter gießen und etwa 2 Stunden im Kühlschrank fest werden lassen.

Passt gut zu gedämpftem Gemüse, knusprigem Brot, auf Sandwich und Burger.

Mojo Rojo

Für 2 Personen 1 rote Paprikaschote (ca. 200 g) halbieren, entkernen, waschen und grob würfeln. 2 kleine Cocktailtomaten waschen, 1 Knoblauchzehe schälen. 1 TL Kreuzkümmelsamen in einer Pfanne ohne Fett leicht rösten, bis sie duften. Alle vorbereiteten Zutaten mit je 1 TL rosenscharfem und edelsüßem Paprikapulver sowie 1 guten Prise geräuchertem Paprikapulver (Pimentón de la Vera), 5 EL Öl, 2 TL Salz, 1½ EL Balsamico bianco und 1 getrockneten Tomatenhälfte in den Mixbecher geben. Alles auf höchster Stufe 1 Minute zu einer glatten, cremigen Paste mixen, dabei die Masse immer wieder mit dem Stößel nach unten schieben.

Passt zu Kartoffeln oder Baguette und eignet sich prima als Marinade für Tofu.

SÜSSKARTOFFEL-KOKOS-AUFSTRICH

Nur ganz wenige Zutaten, aber ein wahrer Tausendsassa: Der Aufstrich schmeckt nicht nur kalt aufs Brot oder leicht erwärmt fantastisch zu Nachspeisen, sondern eignet sich wegen ihrer wunderschönen Farbe auch gut zum Dekorieren von Kuchen und Torten.

FÜR 1 GLAS (CA. 450 ML INHALT)
370 g geschälte Süßkartoffel
100 g natives Kokosöl
1 Msp. Ceylon-Zimtpulver
3 große Medjoul-Datteln (ohne Stein)
2 TL Limetten- oder Zitronensaft
Meersalz

ZUBEREITUNGSZEIT: 10 Min.
PRO PORTION ca. 360 kcal,
2 g EW, 26 g F, 29 g KH

1 Die Süßkartoffel in 3 cm große Würfel schneiden, in einem Topf in ½ l Wasser aufkochen und 5 Minuten kochen lassen. In ein Sieb abgießen.

2 Süßkartoffelwürfel mit Kokosöl, Zimt, Datteln, Limetten- oder Zitronensaft und 1 guten Prise Salz in den Mixbecher geben. Alles auf höchster Stufe 1 Minute glatt mixen. Die Creme in eine Schüssel füllen und zugedeckt 1 bis 2 Stunden kühl stellen. Im Kühlschrank hält sie sich etwa 4 Tage.

TIPP

Durch das Kokosöl wird die Creme beim Abkühlen im Kühlschrank schön fest, bleibt aber dennoch streichfähig. Kokosöl ist übrigens das perfekte Fett für Aufstriche, da es im Mund rasch schmilzt und so für ein cremiges Mundgefühl sorgt.

CASHEW-TONKA-AUFSTRICH

Der Aufstrich ist ein Traum auf Brot und macht regelrecht süchtig. Ich liebe daran insbesondere das Aroma der Tonkabohne in Kombination mit der salzigen Geschmackskomponente. Je nach Lust und Laune kannst Du sie ganz fein pürieren oder einfach noch etwas stückiger lassen.

FÜR 1 GLAS (CA. 450 ML INHALT)
140 ml Mandel- oder Reisdrink
½ TL frisch geriebene Tonkabohne (aus dem Gewürzhandel; ersatzweise gemahlene Vanille)
50 g natives Kokosöl
210 g Cashewbruch
3–4 große Medjoul-Datteln (ohne Stein)
⅓ TL Meersalz

ZUBEREITUNGSZEIT: 10 Min.
PRO PORTION ca. 470 kcal,
11 g EW, 38 g F, 18 g KH

1 Den Drink in einem Topf kurz aufkochen und mit Tonkabohne, Kokosöl, Cashewbruch, Datteln und Salz in den Mixbecher geben.

2 Alles auf höchster Stufe 1 Minute glatt mixen, dabei die Aufstrichmasse immer wieder mit dem Stößel nachschieben. Im Kühlschrank hält sie sich etwa 4 bis 6 Tage.

TIPP

Ein perfekter Aufstrich! Mit der Creme werden aus einfachen Muffins aber auch opulente Cupcakes: Die Muffins einfach dick mit der Creme bestreichen oder diese mit dem Spritzbeutel mit großer Stern- oder Lochtülle aufspritzen.

Der fruchtige Aufstrich schmeckt auf Brot genauso wie als Topping auf einem Kuchen, etwa einem veganen Cheezecake. Aufgrund der kleinen Menge verwende ich für dieses Rezept den kleinen Mixbecher. Wenn Du keinen kleinen Becher hast, verdoppelst Du einfach die Menge.

MANGO-AUFSTRICH MIT DATTELN

FÜR 1 GLAS (CA. 450 ML INHALT)
230 g reifes Mangofruchtfleisch
3–5 große Medjoul-Datteln
(ohne Stein)
½ TL abgeriebene Bio-Zitronenschale
Meersalz

ZUBEREITUNGSZEIT: 10 Min.
PRO PORTION ca. 110 kcal,
1 g EW, 0 g F, 23 g KH

1 Das Mangofruchtfleisch in Würfel schneiden und mit 3 Datteln, der Zitronenschale sowie 1 Prise Salz in den Mixbecher geben.

2 Alles auf höchster Stufe 30 Sekunden glatt mixen. Den Geschmack prüfen und je nach gewünschter Süße noch 1 bis 2 Datteln untermixen. Den Mango-Aufstrich nach Belieben mit 1 Spritzer Limettensaft abschmecken. Frisch schmeckt er am besten, im Kühlschrank hält er sich 2 Tage.

TIPP

Mit Pfirsich, Banane, Ananas, Khaki, Kiwi oder Aprikose funktioniert das Rezept ebenfalls super, ohne dass ein zusätzliches Bindemittel verwendet werden muss, das dem Fruchtaufstrich „Halt" gibt.

HEIDELBEER-MANDEL-CREME

Margarine auf dem Brot kann man sich unter diesem feinen Aufstrich sparen, denn Kokosöl und Mandelmus liefern genug Fett für ein rundes Geschmackserlebnis. Ich streue gern noch ein paar frische Beeren darauf – himmlisch! Große Süßschnäbel mixen fürs perfekte Aufstrich-Glück einfach eine Dattel mehr mit.

FÜR 1 GLAS (CA. 450 ML INHALT)
150 g Heidelbeeren (TK oder frisch)
100 g zimmerwarmes natives Kokosöl (geschmacksneutral; siehe Tipp)
6 Medjoul-Datteln (ohne Stein)
50 g weißes Mandelmus
½ TL abgeriebene Bio-Zitronenschale
Meersalz

ZUBEREITUNGSZEIT: 10 Min.
PRO PORTION ca. 360 kcal,
3 g EW, 33 g F, 13 g KH

1 Frische Heidelbeeren verlesen, waschen und gut abtropfen lassen, tiefgekühlte Beeren auftauen lassen. Die Beeren mit dem Kokosöl in einem Topf kurz erhitzen.

2 Die Beeren-Kokosöl-Mischung mit Datteln, Mandelmus, Zitronenschale und 1 Prise Salz in den Mixbecher geben. Alles auf höchster Stufe 20 Sekunden glatt mixen. Entweder direkt als cremigen, dickflüssigen Aufstrich essen oder im Kühlschrank fester werden lassen. Dort hält er sich 4 bis 6 Tage.

TIPP

Für diese Creme solltest Du ein mildes, geschmacksneutrales Kokosfett verwenden. Allerdings solltest Du darauf achten, dass es sich dabei um ein nicht raffiniertes, ungebleichtes und nur sehr schonend behandeltes Produkt handelt. Produkte mit der Bezeichnung Kokosöl gibt es auch als gänzlich unbehandeltes Fett, allerdings weisen sie meistens einen typischen Kokosgeschmack auf.

SÜNDHAFTE SCHOKOCREME

Für die schlanke Linie ist die Creme zwar nicht unbedingt geeignet, aber sie ist definitiv eine super leckere Alternative zu fertigen Produkten. Vor allem Schokoholics werden der cremigen Verführung nur schwer widerstehen können – nur gut, dass man gleich einen kleinen Vorrat davon zubereiten kann!

FÜR 2 GLÄSER (À CA. 450 ML INHALT)
240 g Bitterschokolade (70 % Kakaoanteil; siehe Tipp S. 121)
450 ml Cashew-Kokos-Drink (siehe S. 24; ersatzweise Dinkel-Mandel-Drink oder Haferdrink mit Vanille)
150 g Cashewbruch
3 EL Ahornsirup
½ Vanilleschote
3 große Medjoul-Datteln (ohne Stein)
½ TL Meersalz

ZUBEREITUNGSZEIT: 10 Min.
PRO PORTION ca. 390 kcal,
11 g EW, 20 g F, 38 g KH

1 Die Schokolade grob hacken oder in Stücke brechen. Den Drink in einem Topf aufkochen und mit Schokolade, Cashewbruch, Ahornsirup, Vanilleschote samt Schale und Mark, Datteln sowie Salz in den Mixbecherbecher geben.

2 Alles auf höchster Stufe 1 Minute glatt mixen, bis die Masse glänzt. Die Creme in Gläser füllen und 3 bis 4 Stunden in den Kühlschrank stellen. Dort hält sie sich etwa 4 bis 6 Tage.

TIPP

Diese Schokocreme ist super schnell gemacht. Wenn Du willst, dass sie ein bisschen mehr nach Nussnugat schmeckt, mixt Du zusätzlich 2 EL Haselnussmus unter.

Aufstriche & Dips

DESSERTS & EIS

Cremige Desserts, die regelrecht auf der Zunge zergehen,
gehören für mich bei besonderen Gelegenheiten als krönender
Abschluss eines Essens mit auf den Tisch. Das Gute:
Mit dem Mixer sind einige der zarten Köstlichkeiten auch so
schnell zubereitet, dass man sie für Überraschungsgäste
wirklich super noch in der letzten Minute zaubern kann –
regelrechte Last-Minute-Desserts also!

Dieses Schokofondue steht super schnell auf dem Tisch und ist immer eine willkommene Nachspeise. Die Mischung ist dabei nicht zu „dunkelschokoladig", sodass sie auch Kindern sehr gut schmeckt – dann jedoch den Likör weglassen und etwas Vanille dazugeben!

BLITZ-SCHOKOFONDUE

FÜR 4 PERSONEN
FÜR DIE SCHOKOSAUCE:
240 g Bitterschokolade
(70 % Kakaoanteil; siehe Tipp)
400 ml Dinkel-Mandel-Drink
(oder Haferdrink mit Vanille)
150 g Cashewbruch
4 EL 43er Likör (span. Vanillelikör)
2 große Medjoul-Datteln (ohne Stein)
Meersalz

ZUM DIPPEN:
1½ kg gemischtes Obst
(z.B. Apfel, Ananas,
Banane, Melone, Heidelbeeren)

ZUBEREITUNGSZEIT: 5 Min.
PRO PORTION ca. 770 kcal,
19 g EW, 29 g F, 95 g KH

1 Für die Schokosauce die Schokolade grob hacken oder in Stücke brechen. Den Dinkel-Mandel-Drink in einem Topf aufkochen und mit Schokolade, Cashewbruch, Likör, Datteln und 1 guten Prise Salz in den Mixbecher geben.

2 Alles auf höchster Stufe 1 Minute glatt mixen, bis die Masse glänzt. Die Schokoladenmasse in einem Schokoladenfonduetopf oder einer Schale auf einem Stövchen warm halten.

3 Zum Dippen das Obst je nach Sorte putzen, waschen oder schälen und ganz lassen oder in mundgerechte Stücke schneiden. Das Obst in einer Schale anrichten. Nach Belieben zusätzlich Reiswaffeln, Kekse, Blätterteigsticks und in Öl angeröstete Weißbrotsticks zum Dippen reichen.

TIPP

Für Schokolade mit 70 % Kakaoanteil ist die Handelsbezeichnung gesetzlich nicht geregelt, das heißt die Hersteller können sie als „Bitterschokolade", „Zartbitterschokolade" oder auch „Halbbitterschokolade" verkaufen. Dahinter kann sich dann jedoch jeweils auch Schokolade mit einem niedrigeren Kakaoanteil (ab mindestens 50 %) verbergen. Deshalb beim Kauf immer die Angabe zum Kakao beachten! Am besten auf conchierte Schokolade zurückgreifen, sie kommt bei der Herstellung ohne Emulgatoren z.B. Sojalezithin aus.

PFIRSICH-PUDDING MIT SCHOKOSAUCE

Direkt aus dem Mixer serviert ist das der perfekte Last-Minute-Pudding für Überraschungsgäste oder alle, die ganz plötzlich der große Süßhunger überkommt. Das Gute: Das Dessert liefert zugleich auch eine ordentliche Portion Vitamine und gesunde pflanzliche Fette.

FÜR 2 PERSONEN
FÜR DEN PUDDING:
2 süße Pfirsiche
(ca. 270 g)
100 g reifes Avocadofruchtfleisch
(von ca. ½ Avocado)
50 g weiches natives Kokosöl
ca. 1 EL Limettensaft
Meersalz
Ahornsirup zum Abschmecken

FÜR DIE SAUCE:
50 g Bitterschokolade
(70 % Kakaoanteil; siehe Tipp S. 121)
100 ml Dinkel-Mandel-Drink
(oder Haferdrink mit Vanille)
25 g Cashewbruch (oder Mandelmus)

ZUBEREITUNGSZEIT: 5 Min.
PRO PORTION ca. 560 kcal,
8 g EW, 42 g F, 35 g KH

1 Für den Pudding die Pfirsiche waschen, halbieren und entsteinen. Das Fruchtfleisch in Würfel schneiden und in den Mixbecher geben. Nacheinander Avocadofruchtfleisch, Kokosöl, 1 EL Limettensaft und 1 Prise Salz hinzufügen. Alles mithilfe des Stößels auf höchster Stufe 30 Sekunden glatt mixen, dabei die Masse immer wieder mit dem Stößel nach unten schieben. Den Pudding mit Sirup und Limettensaft abschmecken und in Schalen abfüllen. Entweder sofort zimmerwarm genießen oder zugedeckt 1 bis 2 Stunden in den Kühlschrank stellen.

2 Für die Sauce die Schokolade grob hacken oder in Stücke brechen. Den Dinkel-Mandel-Drink in einem Topf aufkochen und mit der Schokolade und dem Cashewbruch in den kleinen Mixbecher geben. Alles auf höchster Stufe 1 Minute glatt mixen.

3 Zum Servieren den Pudding in Schälchen oder Gläser verteilen und jeweils mit etwas Schokosauce besprenkeln. Geröstete Kokoschips oder Erdnüsse daraufgeben.

TIPP

Statt Schokosauce schmeckt auch Toffeesauce zum Pudding: 240 ml Reisdrink in einem Topf erhitzen und mit 8 großen Medjoul-Datteln (ohne Stein) und ½ TL Meersalz im Mixer glatt pürieren.

EISKALT ERWISCHT

Meine eiskalten Verführer sind jederzeit eine willkommene Erfrischung! Mit diesen vier Kreationen wird Deine Küche im Nu zur persönlichen Eisdiele.

Bananeneis Deluxe

Sahniges Kokoseis

Für 4 Personen 400 ml Kokosmilch (aus der Dose), 3 EL 43er Likör (span. Vanillelikör), ½ TL Johannisbrotkernmehl, 50 g Agavendicksaft, 1 gute Prise Salz und 40 g geröstete Kokosraspel im Mixer auf höchster Stufe 1 Minute glatt mixen. In Eiswürfelbehältern 3 bis 4 Stunden gefrieren. 100 g Kokosraspel mit 50 g veganer weißer Schokolade mischen. Eiswürfel im Mixer auf niedriger Stufe (2 von 10) mithilfe des Stößels glatt mixen. Kugeln formen, in der Kokosmischung rollen.

Für 4 Personen 600 g geschälte reife Banane (in 1 cm dicken Scheiben) auf einem Teller ausgelegt im Tiefkühlfach 3 bis 4 Stunden gefrieren lassen. 400 ml Reisdrink in Eiswürfelbehälter füllen und 3 bis 4 Stunden gefrieren lassen. Gefrorene Zutaten mit 6 Medjoul-Datteln (ohne Stein), 1 guten Prise Meersalz und 3 EL 43er Likör (span. Vanillelikör) oder Ahornsirup im Mixer mithilfe des Stößels auf höchster Stufe 30 Sekunden glatt mixen. Die Hälfte der Masse in einer Schale mit 3 EL Erdnussmus mischen. Zur restlichen Eismasse im Mixer 3 EL Kakaopulver hinzufügen und auf niedrigster Stufe kurz durchmischen. Eis in Gläser schichten. Mit 50 g fein gehackten Erdnüssen (geröstet und gesalzen) und 50 g Bitterschokoladenraspel (70 % Kakaoanteil) und Banane dekorieren.

Kürbiskerneis

Für 4 Personen 100 g Kürbiskerne mit ½ l Wasser im Mixer auf höchster Stufe 2 Minuten glatt mixen. Durch einen Nussmilchbeutel gießen, gut auspressen und die Flüssigkeit auffangen. Flüssigkeit, 2 EL Kürbiskernöl, 6 große Medjoul-Datteln (ohne Stein), 30 g Cashewbruch und ½ TL Meersalz auf höchster Stufe 1 Minute glatt mixen. In Eiswürfelbehältern 3 bis 4 Stunden gefrieren. Backofen auf 150 °C Umluft vorheizen. Ausgepresste Kürbiskernmasse mit 3 TL Ahornsirup und ½ TL Meersalz verkneten, auf einem mit Backpapier ausgelegten Blech verteilt im Ofen 15 Minuten trocknen. Abkühlen lassen, fein hacken. Eiswürfel im Mixer (Stößel) cremig pürieren, dabei die Geschwindigkeit langsam erhöhen. Den Krokant unterheben.

Karibisches Avocadosorbet

Für 4 Personen das Fruchtfleisch von 2 reifen Avocados, 1 reifen Mango sowie 1 Kaki würfeln. Alles mit ½ Vanilleschote samt Mark, 60 g Agavendicksaft, 1 Msp. Meersalz, 400 ml Reisdrink und 2 EL Zitronensaft im Mixer 1 Minute glatt mixen. Mit Zitronensaft und Agavendicksaft abschmecken, in Eiswürfelbehälter füllen und 3 Stunden im Tiefkühlfach gefrieren lassen. Inzwischen das Fruchtfleisch von ¼ süßen Ananas fein würfeln und in 3 EL Gin (oder Wodka; ersatzweise Orangensaft) marinieren. Die Eiswürfel 10 Minuten antauen lassen und im Mixer mithilfe des Stößels cremig mixen. Die Ananaswürfel und 5 fein gehackte Minzeblätter unter das Eis mischen. Nach Belieben mit Ananasscheiben auf einem Teller anrichten und mit Minzeblättchen, Chilistreifen, gerösteten Nüssen, Kokosflakes oder Kakaonibs dekorieren.

ZARTSCHMELZENDE DATTEL-KAKAO-PRALINEN

Ich liebe diese kleinen Kugeln, denn sie zergehen auf der Zunge und machen wirklich glücklich! Im Gegensatz zu klassischen Pralinen sind sie wegen der Datteln und Cashewkerne außerdem richtige Powerbällchen. Wer es weniger herb mag, lässt das Kakaopulver aus der Mischung zum Wälzen heraus.

FÜR 4 PERSONEN
115 g Datteln (ohne Stein)
½ Vanilleschote
75 g Kakaonibs (aus dem Bioladen)
50 g weiche Kakaobutter (aus dem Bioladen)
50 g weiches natives Kokosöl
50 g Cashewbruch
¼ TL Meersalz
2 EL Kokosraspel
½ TL Zimtpulver
1 TL Kokosblütenzucker
1 EL Kakaopulver

ZUBEREITUNGSZEIT: 10 Min.
KÜHLZEIT: 2–3 Std.
PRO PORTION ca. 490 kcal,
8 g EW, 38 g F, 25 g KH

1 Die Datteln mit 200 ml lauwarmem Wasser und der Vanilleschote samt Mark in den Mixbecher geben. Alles auf höchster Stufe glatt mixen. Kakaonibs, Kakaobutter, Kokosöl, Cashewbruch und Salz hinzufügen und alles mithilfe des Stößels glatt mixen. Die Pralinenmasse zugedeckt 2 bis 3 Stunden kühl stellen.

2 Zum Wälzen die Kokosraspel auf einem Teller mit Zimt, Kokosblütenzucker und Kakaopulver mischen. Aus der gekühlten Dattelmasse mit den Händen kleine Kugeln von etwa 2 cm Durchmesser formen. Die Kugeln rundum in der Kokosraspelmischung wälzen.

TIPP

Die Pralinen halten sich kühl und trocken aufbewahrt etwa 10 Tage. Wer mag, überzieht sie noch mit veganer Schokolade oder Kuvertüre. Diese dazu einfach im warmen Wasserbad schmelzen lassen, die Pralinen mithilfe einer Gabel durchziehen und anschließend zum Trocknen der Schokolade auf Backpapier setzen.

Hier kann das klassische Vorbild mit Eiern, Milch und Sahne einpacken, denn wer die Variante aus pflanzlichen Zutaten einmal probiert hat, will garantiert nur eines: mehr davon, bitte! Kurkuma sorgt für ein helles Gelb wie das Eigelb im Original.

BAYERISCHE CREME MIT HIMBEERSAUCE

FÜR 6 PERSONEN
FÜR DIE CREME:
800 ml Reisdrink
200 ml Kokosmilch (aus der Dose)
1 Vanilleschote (halbiert)
1 leicht gehäufter TL Agar-Agar (Geliermittel aus Algen; aus dem Bioladen)
1 leicht gehäufter TL Pfeilwurzmehl (aus dem Bioladen)
2 EL neutrales Öl
150 g Agavendicksaft oder Datteln
200 g Cashewbruch
3 EL 43er Likör (span. Vanillelikör)
½ gestr. TL Meersalz

FÜR DIE SAUCE:
400 g tiefgekühlte Himbeeren
4 große Medjoul-Datteln
½ TL abgeriebene Bio-Zitronenschale

ZUBEREITUNGSZEIT: 10 Min.
KÜHLZEIT: 2–3 Std.
PRO PORTION ca. 480 kcal,
10 g EW, 22 g F, 54 g KH

1 Für die Creme Reisdrink, Kokosmilch und Vanilleschotenhälften in einem Topf aufkochen lassen. Das Agar-Agar und das Pfeilwurzmehl in einer Tasse mit wenig kaltem Wasser glatt rühren. Die Agar-Agar-Mischung unter Rühren zur kochenden Reisdrink-Mischung geben und alles nochmals kräftig aufkochen lassen.

2 Die gekochte Mischung mit Öl, Agavendicksaft oder Datteln, Cashewbruch, Likör, Salz und nach Belieben 1 Prise Kurkuma in den Mixbecher geben. Alles 1 Minute glatt mixen, dabei auf niedrigster Stufe beginnen und die Geschwindigkeit nach und nach auf höchste Stufe erhöhen. Die Creme auf Schalen oder Gläser verteilen und 3 bis 4 Stunden kühl stellen.

3 Für die Sauce etwa zwei Drittel der Himbeeren in einem Topf kurz aufkochen. Dann mit den Datteln und der Zitronenschale in den Mixbecher geben und glatt mixen. Die Sauce nach Belieben durch ein Sieb streichen, um die Kerne zu entfernen, und im Topf beiseitestellen.

4 Zum Servieren die Himbeersauce nochmals erhitzen. Die restlichen tiefgekühlten Himbeeren im Mixbecher auf niedriger Stufe 10 Sekunden zerkleinern, sodass kleine Krümel entstehen. Die Creme mit heißer Himbeersauce und den gefrorenen Himbeerkrümeln garnieren.

DINKEL-DONUTS MIT SCHOKOGLASUR

FÜR CA. 18 STÜCK
FÜR DIE DONUTS:
200 g Dinkelmehl (Type 630)
1 Päckchen Backpulver (15 g)
100 g Lupinenjoghurt
80 g Ahornsirup
200 ml Reisdrink
½ TL Meersalz, 4 EL Öl
1 TL Balsamico bianco
1 TL abgeriebene Bio-Zitronenschale
½ TL Zimtpulver

FÜR DAS TOPPING:
5 EL geröstete gesalzene Erdnüsse
2 EL Ahornsirup

FÜR DIE SCHOKOGLASUR:
50 g Bitterschokolade
(70 % Kakaoanteil; siehe Tipp S. 121)
1 EL Kakaobutter oder Kokosöl
150 ml Reisdrink
2–3 EL Roh-Rohrzucker

FÜR DIE AHORNSIRUPGLASUR:
50 g natives Kokosöl
100 g Ahornsirup
80 g Puderzucker aus Roh-Rohrzucker
Meersalz

AUSSERDEM:
1 Donutblech
vegane Margarine für das Blech

ZUBEREITUNGSZEIT: 30 Min.
BACKZEIT: 18 Min.
PRO STÜCK ca. 190 kcal,
3 g EW, 9 g F, 25 g KH

1 Für die Donuts den Backofen auf 200 °C (Umluft 180 °C) vorheizen, Donutbleche einfetten. Mehl mit Backpulver sieben. Joghurt, Sirup, Reisdrink, Salz, Öl, Essig, Zitronenschale und Zimt im Mixbecher auf höchster Stufe 30 Sekunden glatt mixen. Mehlmischung hinzufügen und alles auf niedrigster Stufe 10 Sekunden mischen. Bei Klümpchen nochmals kurz die Pulsfunktion betätigen. Teig in die Mulden des Donutblechs verteilen, sodass diese je zur Hälfte gefüllt sind. Donuts im Ofen auf der mittleren Schiene 15 bis 18 Minuten goldgelb backen.

2 Inzwischen für das Topping Erdnüsse in einer kleinen Pfanne ohne Fett leicht rösten, mit Sirup ablöschen und mischen. Masse bei starker Hitze 45 Sekunden einkochen, auf einem mit Backpapier ausgelegten Teller verteilen und im Kühlschrank abkühlen lassen. Fertige Donuts 15 Minuten im Blech abkühlen lassen. Inzwischen die gewünschte Glasur zubereiten und in eine Schale füllen.

3 Für die Schokoglasur die Schokolade grob hacken oder in Stücke brechen. Den Reisdrink in einem Topf einmal aufkochen lassen. Dann Reisdrink mit Schokolade, Kakaobutter oder Kokosöl und Zucker in den Mixbecher geben. Alles auf höchster Stufe 30 Sekunden glatt mixen.

4 Für die Sirupglasur Kokosöl, Ahornsirup, Puderzucker und 1 Prise Salz in den Mixbecher geben. Alles auf höchster Stufe 30 Sekunden glatt mixen.

5 Donuts aus dem Blech lösen, in die Glasur tauchen, herausheben und auf ein Kuchengitter setzen. Erdnussmasse grob hacken und auf die Donuts streuen. Glasur 15 Minuten bei Zimmertemperatur trocknen, dann im Kühlschrank fest werden lassen.

MARONEN-TIRAMISU IM GLAS

FÜR 12 PERSONEN
FÜR DEN TEIG:
200 g Dinkelmehl (Type 630)
1 Päckchen Backpulver
100 g Sojajoghurt, 80 g Ahornsirup
200 ml Reis- oder Haferdrink
½ gestr. TL Meersalz, 4 EL Öl
1 TL Balsamico bianco
1 TL abgeriebene Bio-Zitronenschale
½ TL Zimtpulver

FÜR DIE CREME:
100 g gegarte Maronen
(Esskastanien; vakuumverpackt)
½ Vanilleschote (Mark und Schale)
50 g Ahornsirup oder Agavendicksaft
50 g Cashewkerne, 350 ml Reisdrink
2 EL natives Kokosfett, 1 EL Öl
1 Msp. Meersalz
1 TL Johannisbrotkernmehl

ZUM TRÄNKEN UND FÜR DIE DEKO:
3 EL 43er Likör (span. Vanillelikör)
180 ml Espresso
50 g fein gehackte Bitterschokolade
(70 % Kakaoanteil; siehe Tipp S. 121)
2 EL Kakaopulver

AUSSERDEM:
1 Muffinblech (12 Mulden à 7 cm Ø)
vegane Margarine für das Blech

ZUBEREITUNGSZEIT: 30 Min.
RUHEZEIT: 2 Std.
PRO PORTION ca. 270 kcal,
5 g EW, 13 g F, 31 g KH

1 Für den Teig den Backofen auf 175 °C (Umluft 150 °C) vorheizen. Mulden des Muffinblechs einfetten. Mehl mit Backpulver sieben. Joghurt, Sirup, Reis- oder Haferdrink, Salz, Öl, Essig, Zitronenschale und Zimt im Mixbecher auf höchster Stufe 30 Sekunden glatt mixen. Mehlmischung hinzufügen und alles auf niedrigster Stufe 10 Sekunden vermischen. Bei Klümpchen nochmals kurz die Pulsfunktion betätigen. Teig gleichmäßig in die Mulden des Muffinblechs verteilen, sodass diese je bis zur Hälfte gefüllt sind. Muffins im Ofen auf der mittleren Schiene 30 Minuten backen. Aus dem Ofen nehmen und in der Form abkühlen lassen.

2 Für die Creme alle Zutaten im Mixbecher auf höchster Stufe 30 Sekunden glatt mixen. Die Creme 30 Minuten in den Kühlschrank stellen.

3 Zum Tränken den Likör mit dem Espresso verrühren. Die Muffins waagerecht in ½ cm dicke Scheiben schneiden. Die Zutaten in Gläser schichten: Dazu je eine Teigscheibe in die Gläser legen und mit etwas Likör-Espresso-Mischung beträufeln. Dann eine etwa 1 cm dicke Cremeschicht daraufgeben und mit ½ TL fein gehackter Schokolade bestreuen. Auf diese Weise nach und nach alle Zutaten einschichten. Das Tiramisu mindestens 4 Stunden im Kühlschrank durchziehen lassen. Zum Servieren mit Kakaopulver bestäuben.

TIPP
Statt Sojajoghurt kannst Du für den Teig Lupinenjoghurt nehmen. Und statt Likör und Espresso eignet sich zum Tränken eine Mischung aus 2 EL Ahornsirup, 150 ml Mandeldrink und 3 EL Kakaopulver.

REGISTER

A
All Time Classic Dressing 84
Amarant: Weiße Winter-Bowl 23
Apfel
  Green Detox-Bowl 17
  Grüne Melonen-Bowl 18
  Immunbooster-Bowl 20
  Weiße Winter-Bowl 23
Aprikosen-Limetten-Cooler 39
Artischocke: Pastasauce al Limone 71
Asia-Style Erdnusssauce 86
Aufstriche
  Banana-Curry-Aufstrich 104
  Cashew-Tonka-Aufstrich 110
  Gerösteter Paprika-Hummus 97
  Heidelbeer-Mandel-Creme 114
  Mango-Aufstrich mit Datteln 113
  Paste Muhammara-Style 98
  Pilzpastete à la Leberwurst 101
  Smoked BBQ-Chili-Aufstrich 107
  Sündhafte Schokocreme 117
  Süßkartoffel-Kokos-Aufstrich 108
Avocado
  Avocado-Limetten-Pastasauce 62
  Avocado-Orangen-Shake 33
  Detox-Cooler mit Ingwer 42
  Karibisches Avocadosorbet 125
  Pfirsich-Pudding mit Schokosauce 122

B
Banane
  Banana-Curry-Aufstrich 104
  Bananeneis Deluxe 124
Basilikum
  Cashew-Erdbeer-Basilikum-Shake 29
  Gurken-Cooler mit Basilikum 36
  Schnelle Tomaten-Pastasauce 61
  Tomatensuppe mit Cashewsahne 55
Basis-Tomatensauce 78
Bayerische Creme mit Himbeersauce 129
BBQ-Style-Chipotle-Marinade 68
Béchamel Rose 82
Birne: Weiße Winter-Bowl 23
Blitz-Schokofondue 121
Blumenkohl-Creme 103
Brennnessel: Green Detox-Bowl 17
Buchweizen: Immunbooster-Bowl 20

C
Caesar Classic Dressing 85
Cashew
  Avocado-Orangen-Shake 33
  Béchamel Rose 82
  Blitz-Schokofondue 121
  Blumenkohl-Creme 103
  Caesar Classic Dressing 85
  Cashew-Erdbeer-Basilikum-Shake 29
  Cashew-Hafer-Drink 24
  Cashew-Kokos-Drink 24
  Cashew-Reis-Drink 25
  Cashew-Tonka-Aufstrich 110
  Hot Golden-Mixer-Shake 30
  Knoblauch-Cream-Cheeze 103
  Kürbiskerneis 125
  Melonen-Kräuter-Kaltschale 50
  Pastasauce al Limone 71
  Roasted Paprika-Cheeze-Sauce 66
  Rohkost-Multitalent-Dressing 85
  Spaghetti al Pepe 74
  Sündhafte Schokocreme 117
  Tomatensuppe mit Cashewsahne 55
  White-Chocolate-Espresso-Shake 26
  Zartschmelzende Dattel-Kakao-Pralinen 126
Chili
  Asia-Style Erdnusssauce 86
  Béchamel Rose 82
  Mango-Chili-Cooler 41
  Pebre de Chileno 102
  Roasted Paprika-Cheeze-Sauce 66
  Smoked BBQ-Chili-Aufstrich 107

Thai-Currysauce 89
Chimichurri 106
Chipotle
  BBQ-Style-Chipotle-Marinade 68
  Smoked BBQ-Chili-Aufstrich 107
Cooler
  Aprikosen-Limetten-Cooler 39
  Detox-Cooler mit Ingwer 42
  Gurken-Cooler mit Basilikum 36
  Mango-Chili-Cooler 41
  Melonen-Kokos-Cooler 45
Cremige Bratgemüse-Sauce 90
Curry
  Banana-Curry-Aufstrich 104
  Thai-Currysauce 89

D
Datteln
  Mango-Aufstrich mit Datteln 113
  Zartschmelzende Dattel-Kakao-Pralinen 126
Detox-Cooler mit Ingwer 42
Dinkel-Donuts mit Schokoglasur 130
Dinkel-Mandel-Drink: Blitz-Schokofondue 121
Dips
  Blumenkohl-Creme 103
  Chimichurri 106
  Knoblauch-Cream-Cheeze 103
  Pebre de Chileno 102
Donuts: Dinkel-Donuts mit Schokoganache 130

E
Eis
  Bananeneis Deluxe 124
  Karibisches Avocadosorbet 125
  Kürbiskerneis 125
  Sahniges Kokoseis 124
Erdbeeren: Cashew-Erdbeer-Basilikum-Shake 29

Erdnüsse
  Asia-Style Erdnusssauce 86
  Dinkel-Donuts mit Schokoganache 130
Espresso
  Maronen-Tiramisu im Glas 133
  White-Chocolate-Espresso-Shake 26
Esskastanien: Maronen-Tiramisu im Glas 133

G

Ganache: Dinkel-Donuts mit Schokoganache 130
Geröstete Paprikasuppe 52
Gerösteter Paprika-Hummus 97
Gewürze
  Banana-Curry-Aufstrich 104
  Cremige Bratgemüse-Sauce 90
  Rote Dal-Suppe mit Mango 56
  Thai-Currysauce 89
Grapefruit: Detox-Cooler mit Ingwer 42
Green Detox-Bowl 17
Green Kapernsauce 77
Grüne Melonen-Bowl 18
Gurke
  Grüne Melonen-Bowl 18
  Gurken-Cooler mit Basilikum 36

H

Hafer: Cashew-Hafer-Drink 24
Haferdrink: Cashew-Erdbeer-Basilikum-Shake 29
Hanfdrink 25
Heidelbeer-Mandel-Creme 114
Himbeersauce, Bayerische Creme mit 129
Hirse: Grüne Melonen-Bowl 18
Hochleistungsmixer 8–11
Hot Golden-Mixer-Shake 30
Hummus, Gerösteter Paprika- 97

I/J

Immunbooster-Bowl 20
Ingwer
  Asia-Style Erdnusssauce 86
  Detox-Cooler mit Ingwer 42
  Hot Golden-Mixer-Shake 30
  Immunbooster-Bowl 20

Melonen-Kokos-Cooler 45
Süßkartoffelsuppe mit Orange 49
Italienische Würzpaste 58
Joghurt-Marinade, Tandoor- 69

K

Kakao-Pralinen, Zartschmelzende Dattel- 126
Kaltschale, Melonen-Kräuter- 50
Kapernsauce, Green 77
Karibisches Avocadosorbet 125
Kartoffeln
  Kartoffel-Petersilien-Sauce 72
  Roasted Paprika-Cheeze-Sauce 66
Kichererbsen
  Gerösteter Paprika-Hummus 97
  Green Kapernsauce 77
Kidneybohnen: Pilzpastete à la Leberwurst 101
Knoblauch
  Knoblauch-Cream-Cheeze 103
  Knoblauchcroûtons (Tipp) 55
Kokos
  Banana-Curry-Aufstrich 104
  Bayerische Creme mit Himbeersauce 129
  Cashew-Kokos-Drink 24
  Hot Golden-Mixer-Shake 30
  Kokosöl (Tipp) 114
  Mango-Kokos-Dressing 84
  Melonen-Kokos-Cooler 45
  Sahniges Kokoseis 124
  Süßkartoffel-Kokos-Aufstrich 108
  Süßkartoffelsuppe mit Orange 49
  Thai-Currysauce 89
  Weiße Winter-Bowl 23
  Zartschmelzende Dattel-Kakao-Pralinen 126
Koriander
  Pebre de Chileno 102
  Sweet Cilantro-Lime-Marinade 69
Kräuter
  Green Kapernsauce 77
  Melonen-Kräuter-Kaltschale 50
Kresse: Aprikosen-Limetten-Cooler 39
Krokant: Kürbiskerneis 125
Kürbiskerneis 125

L

Lassi, Orangen-Mango- 34
Limette
  Aprikosen-Limetten-Cooler 39
  Avocado-Limetten-Pastasauce 62
  Mango-Chili-Cooler 41
  Sweet Cilantro-Lime-Marinade 69
Linsen: Rote Dal-Suppe mit Mango 56

M

Mandeldrink: Cashew-Tonka-Aufstrich 110
Mandeln
  All Time Classic Dressing 84
  Heidelbeer-Mandel-Creme 114
  Kartoffel-Petersilien-Sauce 72
  Sahnige Meerrettichsauce 92
Mango
  Karibisches Avocadosorbet 125
  Mango-Aufstrich mit Datteln 113
  Mango-Chili-Cooler 41
  Mango-Kokos-Dressing 84
  Orangen-Mango-Lassi 34
  Rote Dal-Suppe mit Mango 56
  Weiße Winter-Bowl 23
Marinaden
  BBQ-Style-Chipotle-Marinade 68
  Roasted Paprika-Cheeze-Sauce 66
  Sweet Cilantro-Lime-Marinade 69
  Tandoor-Joghurt-Marinade 69
Maronen-Tiramisu im Glas 133
Meerrettichsauce, Sahnige 92
Melone
  Grüne Melonen-Bowl 18
  Melonen-Kokos-Cooler 45
  Melonen-Kräuter-Kaltschale 50
Minze: Melonen-Kokos-Cooler 45
Miso (Tipp) 74
Mojo Rojo 107

O

Obst: Blitz-Schokofondue 121
Orange
  All Time Classic Dressing 84
  Avocado-Limetten-Pastasauce 62
  Avocado-Orangen-Shake 33
  Basis-Tomatensauce 78

Detox-Cooler mit Ingwer 42
Immunbooster-Bowl 20
Orangen-Mango-Lassi 34
Rohkost-Multitalent-Dressing 85
Schnelle Tomaten-Pastasauce 61
Süßkartoffelsuppe mit Orange 49

P/Q
Paprika
Geröstete Paprikasuppe 52
Gerösteter Paprika-Hummus 97
Mojo Rojo 107
Paste Muhammara-Style 98
Roasted Paprika-Cheeze-Sauce 66
Pastasaucen
Avocado-Limetten-Pastasauce 62
Basis-Tomatensauce 78
Green Kapernsauce 77
Kartoffel-Petersilien-Sauce 72
Pastasauce al Limone 71
Roast Time 81
Roasted Paprika-Cheeze-Sauce 66
Rote Pesto-Pastasauce 65
Schnelle Tomaten-Pastasauce 61
Spaghetti al Pepe 74
Paste Muhammara-Style 98
Pastinake: Weiße Winter-Bowl 23
Pebre de Chileno 102
Pesto: Rote Pesto-Pastasauce 65
Petersilie
Chimichurri 106
Kartoffel-Petersilien-Sauce 72
Pfirsich-Pudding mit Schokosauce 122
Pflanzendrinks 13, 24
Cashew-Hafer-Drink 24
Cashew-Kokos-Drink 24
Cashew-Reis-Drink 25
Hanfdrink 25
Pilzpastete à la Leberwurst 101
Pistazien: Paste Muhammara-Style 98
Pralinen, zartschmelzende Dattel-Kakao 126
Pudding: Pfirsich-Pudding mit Schokosauce 122
Quinoa: Green Detox-Bowl 17

R
Raw-Tomato-Sauce (Tipp) 61
Reis: Cashew-Reis-Drink 25
Reisdrink
Bananeneis Deluxe 124
Bayerische Creme mit Himbeersauce 129
Hot Golden-Mixer-Shake 30
Karibisches Avocadosorbet 125
Orangen-Mango-Lassi 34
Roast Time 81
Roasted Paprika-Cheeze-Sauce 66
Rohkost-Multitalent-Dressing 85
Rote Bete: Immunbooster-Bowl 20
Rote Dal-Suppe mit Mango 56
Rote Pesto-Pastasauce 65

S
Sahnige Meerrettichsauce 92
Sahniges Kokoseis 124
Salatdressings
All Time Classic Dressing 84
Caesar Classic Dressing 85
Mango-Kokos-Dressing 84
Rohkost-Multitalent-Dressing 85
Saucen
Asia-Style Erdnusssauce 86
Bayerische Creme mit Himbeersauce 129
Cremige Bratgemüse-Sauce 90
Sahnige Meerrettichsauce 92
Schnelle Tomaten-Pastasauce 61
Schokolade
Maronen-Tiramisu im Glas 133
Blitz-Schokofondue 121
Dinkel-Donuts mit Schokoganache 130
Pfirsich-Pudding mit Schokosauce 122
Sündhafte Schokocreme 117
White-Chocolate-Espresso-Shake 26
Shake
Avocado-Orangen-Shake 33
Cashew-Erdbeer-Basilikum-Shake 29
White-Chocolate-Espresso-Shake 26
Smoked BBQ-Chili-Aufstrich 107
Sorbet: Karibisches Avocadosorbet 125
Spaghetti al Pepe 74
Sündhafte Schokocreme 117

Suppe
Geröstete Paprikasuppe 52
Rote Dal-Suppe mit Mango 56
Süßkartoffelsuppe mit Orange 49
Tomatensuppe mit Cashewsahne 55
Süßkartoffel
Süßkartoffel-Kokos-Aufstrich 108
Süßkartoffelsuppe mit Orange 49
Sweet Cilantro-Lime-Marinade 69

T
Tandoor-Joghurt-Marinade 69
Thai-Currysauce 89
Tiramisu: Maronen-Tiramisu im Glas 133
Toffeesauce (Tipp) 122
Tomaten
Basis-Tomatensauce 78
BBQ-Style-Chipotle-Marinade 68
Chimichurri 106
Mojo Rojo 107
Pebre de Chileno 102
Roast Time 81
Rote Dal-Suppe mit Mango 56
Rote Pesto-Pastasauce 65
Schnelle Tomaten-Pastasauce 61
Tomatensuppe mit Cashewsahne 55
Tonkabohnen: Cashew-Tonka-Aufstrich 110

W
Weiße Winter-Bowl 23
Weißkohl: Weiße Winter-Bowl 23
White-Chocolate-Espresso-Shake 26
Würzpaste, italienische 58
Würzpaste, kräftige 59

Z
Zartschmelzende Dattel-Kakao-Pralinen 126
Zimt (Tipp) 30
Zitrone: Pastasauce al Limone 71
Zucchini
Pastasauce al Limone 71
Roast Time 81

DER AUTOR

Weit gereister Veggie-Koch mit eigener Kochschule, Kochbuchautor, Surfer, Gemüsegärtner – Sebastian Copien ist der Kumpeltyp, der schon Tausende fürs einfache und bewusste Kochen begeistert hat. Weil er für seine Kurse, Seminare und kreativen veganen Rezepte bergeweise Kräuter, Obst und Gemüse braucht, baut er über 50 verschiedene Sorten selbst an.

BEZUGSQUELLEN

Es gibt einige Produkte und Lebensmittel, die ich gern beim Kochen verwende und die ich Dir weiterempfehlen möchte. So gelingen meine Rezepte perfekt und schmecken einfach besonders hervorragend!

Bei den Hochleistungsmixern vertraue ich der Firma Vitamix. Ich verwende ihn sowohl privat als auch auf Kursen und bei Events und bin absolut überzeugt!

Für selbst gemachte Pflanzendrinks benötigst Du einen Nussmilchbeutel. Durch das feinmaschige Netz filterst Du Nussreste heraus. Einen Nussmilchbeutel in guter Qualität kannst Du unter http://www.prohviant.de/Nussmilchbeutel-Nutmilk-bag-Sprossenbeutel-Keimbeutel-Nussmilchsieb erwerben.

Verwende ich gekaufte „Milch", schmecken mir persönlich Produkte der Firma Natumi am besten.

Bei veganer weißer Schokolade aus Reisdrink verwende ich zum Beispiel die iChoc White Vanilla.

Eine tolle vegane Margarine erhältst Du von der Firma Alsan.

Bei Misopaste empfehle ich Dir die Pasten der Firma „Schwarzwald-MISO", die einfach ein unvergleichliches Miso macht und Sorten mit, aber auch ohne Soja im Angebot hat.

Mehr zu meinem Empfehlungen findest Du auf meiner Homepage unter http://www.sebastian-copien.de/freunde-empfehlungen.